最新安全生产法律责任普教读本

赵正宏 编著

气象出版社
China Meteorological Press

内容摘要

本书对《刑法修正案(六)》、《最高人民法院、最高人民检察院关于办理危害矿山生产安全刑事案件具体应用法律若干问题的解释》、《最高人民检察院关于渎职侵权犯罪案件立案标准的规定》、《安全生产领域违法违纪行为政纪处分暂行规定》有关安全的条款,逐条结合实际进行了解释。同时,对贯彻执行过程中可能遇到的诸多问题进行了分析解答。

本书适用于各级政府有关安全监管人员和行政执法人员,企事业单位负责人、安全管理人员及广大从业人员。

图书在版编目(CIP)数据

最新安全生产法律责任普教读本/赵正宏编著.—北京:气象出版社,2009.5
ISBN 978-7-5029-4754-5

Ⅰ.最… Ⅱ.赵… Ⅲ.安全生产法—中国—普及读物 Ⅳ.D922.54-49

中国版本图书馆CIP数据核字(2009)第067455号

出版发行:气象出版社
地　　址:北京市海淀区中关村南大街46号　**邮政编码**:100081
总 编 室:010-68407112　**发 行 部**:010-68409198
网　　址:http://www.cmp.cma.gov.cn　**E-mail**:qxcbs@cma.gov.cn
责任编辑:彭淑凡　张盼娟　**终　　审**:黄润恒
封面设计:博雅思企划　**责任技编**:吴庭芳
责任校对:上官夫旺
印　　刷:北京京华虎彩印刷有限公司
开　　本:850mm×1168mm　1/32　**印　　张**:8
字　　数:208千字
版　　次:2009年5月第1版
印　　次:2014年5月第2次印刷
定　　价:22.00元

前言

改革开放以来，我国经济建设持续高速增长，取得了举世瞩目的巨大成就，并迅速步入工业化加速推进、社会快速转型的关键时期。党和政府历来高度重视安全工作，在改革开放的进程中，安全工作不断得到加强，取得了很大的成绩，但是，总体而言，形势一直严峻，突出表现为事故总量居高不下，特大事故频繁发生，事故经济损失巨大。严峻的安全生产形势与蒸蒸日上的国民经济，与全面建设小康社会的宏伟目标极不协调。

分析安全生产形势严峻的原因，既有安全生产基础薄弱的问题，也有安全投入不足、历史欠账严重的问题，更有法治体系不健全的问题。近几年来，安全处罚失之于宽、安全执法失之于软的问题日益突显，低廉的违法成本使得大量企业主漠视法律，漠视监管，甚至漠视人命，成为导致重特大恶性事故频发的恶性毒瘤。不举利刃，毒瘤难除！因此，必须严刑厉典，重典治乱！

2006 年 6 月 29 日，十届全国人大常委会第二十二次会议表决通过了《刑法修正案（六）》，对刑法的有关安全条款作出重大修正，不仅扩大了犯罪主体范畴、犯罪行为构成范畴，更重要的是犯罪认定程序大大简化，刑罚幅度空前加大，对安全生产违法行为最高刑期从 7 年提高到 15 年！

2006 年 7 月 26 日，最高人民检察院公布《最高人民检察院关于渎职侵权犯罪案件立案标准的规定》，对国家机关工作人员在安全生产中的滥用职权、玩忽职守犯罪行为作出了明确的规定。这些新的刑罚规定，将大大提高刑罚对安全违法犯罪行为的强大威慑力。

2006 年 11 月 22 日，监察部、国家安全监管总局联合公布施行《安全生产领域违法违纪行为政纪处分暂行规定》，这是我国第一部关于安全生产领域政纪处分方面的部门规章。这部规章对安全生产领域中各类违法违纪行为及其处分量纪标准作出明确规定，是查处安全生产领域违法违纪案件的重要依据，体现了预防为主的思路，是从源头上强化政府安全监管主体、企业安全责任主体应负责任的重要措施。

2007 年 2 月 28 日，最高人民法院、最高人民检察院公布《关于办理危害矿山生产安全刑事案件具体应用法律若干问题的解释》，为依法惩治危害矿山生产安全犯罪，保障矿山生产安全，作出了具体明确的严厉规定。

重典治乱，是在当前国民经济快速发展，全面建设小康社会、和谐社会，而安全生产形势严峻情形之下的必由之举，形势所迫，民愿所需。可以预见，刑法利刃所至，漠视法律、漠视监管、漠视生命的毒瘤将随之切除，中国的安全生产形势将迅速从根本上得到好转，为国民经济的健康发展，全面建设小康社会的宏伟目标打下坚实的基础，提供强有力的保障。

《刑法修正案(六)》、《安全生产领域违法违纪行为政纪处分暂行规定》的颁布实施，对于切实加强安全生产工作，惩处安全生产领域违法违纪行为，促进安全生产法律法规的贯彻实施，落实各级安全生产责任制，保障人民群众生命财产安全，落实科学发展观，构建社会主义和谐社会，具有重大意义。安全生产领域必将掀起一场严厉打击安全生产违法行为，坚决遏制重特大事故的强劲风暴！从广大一线操作工人到企业各级负责人，从政府各级安全监督管理人员到政府各级领导，都将受到严峻的洗礼！

当此之时，人人须学法，知其要义；人人须守法，知其利害。法之有威，在于法之必行；法之必行，在于执法必严。正是“利剑高悬莫去碰，侥幸玩火必自焚”！

学法守法，利国利民，利己利人！

目 录

前言
第一章 《刑法修正案(六)》解读……………………………………(1)
第一节 刑法修正案(六)……………………………………(1)
第二节 《刑法修正案(六)》的出台背景……………………(7)
一、《刑法》的六次修正过程 ……………………………(7)
二、唯有《刑法修正案(六)》涉及安全生产内容 …………(8)
三、对安全生产为何要严刑厉典 …………………………(8)
第三节 《刑法修正案(六)》的安全条款及修正特点 ……(16)
一、《刑法》(1997 年修订)的安全条款 …………………(17)
二、《刑法修正案(六)》的安全条款……………………(20)
三、《刑法修正案(六)》修正的显著特征…………………(20)
第四节 《刑法修正案(六)》的安全条款解读 ……………(26)
一、安全违法犯罪的种类变化………………………………(26)
二、《刑法修正案(六)》的安全条款解读…………………(26)
第五节 学习《刑法修正案(六)》常见问题 ………………(35)
一、《刑法修正案(六)》约束的犯罪主体有何变化?……(35)
二、"生产"与"作业"有何不同?…………………………(35)
三、"有关安全管理的规定"、"安全管理规定"与"国家规定"有何不同? ……………………………………(36)
四、"重大伤亡事故"具体死亡、受伤人数是多少? ……(37)
五、遇到"政策打架"问题怎么办?…………………………(37)
六、如何理解"其他严重后果"?…………………………(39)

七、受刑罚的“直接负责的主管人员和其他直接责任人员”包括哪些人？ …………………………… (41)
八、如何正确理解“情节特别严重”？ ………………… (42)
九、“处五年以上有期徒刑”的最高刑期为何是十五年？ ………………………………………………… (43)
十、如何组织大型群众性集体活动？ ………………… (44)
十一、“不报”可以比“谎报”处罚得轻一些吗？ ………… (45)
十二、可能受到“不报与谎报”刑法责任的有哪些人？ ………………………………………………… (46)
十三、中介组织也会触犯刑法吗？ …………………… (48)
第六节　常见触犯刑法的安全违法行为 ……………… (50)
一、生产经营单位常见触犯刑法的安全违法行为……… (50)
二、事业单位常见触犯刑法的安全违法行为…………… (52)
三、个体工商户、个体包工头常见触犯刑法的安全违法行为…………………………………………… (53)
四、举办大型群众性集体活动常见触犯刑法的安全违法行为…………………………………………… (54)
五、政府安全监督管理部门常见触犯刑法的安全违法行为…………………………………………… (55)
六、政府公安消防部门常见触犯刑法的安全违法行为 ………………………………………………… (55)
七、有关地方人民政府常见触犯刑法的安全违法行为 ………………………………………………… (56)
八、中介组织常见触犯刑法的安全违法行为…………… (56)
第二章　《最高人民法院、最高人民检察院关于办理危害矿山生产安全刑事案件具体应用法律若干问题的解释》解读…………………………………… (57)
第一节　最高人民法院、最高人民检察院关于办理危害

矿山生产安全刑事案件具体应用法律若干问题的解释 ……………………………………… (57)
第二节　办理危害矿山生产安全刑事案件的法律依据 … (61)
第三节　《司法解释》的主要内容 ……………………… (63)
第四节　《司法解释》条款解读 ………………………… (64)
一、《司法解释》第一条解读……………………………… (64)
二、《司法解释》第二条解读……………………………… (66)
三、《司法解释》第三条解读……………………………… (67)
四、《司法解释》第四条解读……………………………… (68)
五、《司法解释》第五条解读……………………………… (74)
六、《司法解释》第六条解读……………………………… (75)
七、《司法解释》第七条解读……………………………… (78)
八、《司法解释》第八条解读……………………………… (79)
九、《司法解释》第九条解读……………………………… (80)
十、《司法解释》第十条解读……………………………… (82)
十一、《司法解释》第十一条解读………………………… (84)
十二、《司法解释》第十二条解读………………………… (85)
第五节　应特别注意的几个问题 ……………………… (87)
一、《司法解释》的目的…………………………………… (87)
二、《司法解释》的局限性………………………………… (87)
三、《司法解释》的借鉴性………………………………… (88)
四、《司法解释》的等效性………………………………… (88)
五、《司法解释》的双向性………………………………… (88)
六、何以特别明确矿山实际控制人及负责生产经营管理的投资人在相关犯罪中的刑事责任………… (89)
七、不报或者谎报矿山事故情况的犯罪行为认定标准的层次性………………………………………… (90)
八、国家机关工作人员在矿山安全生产管理中的渎

职犯罪行为 …………………………………………………… (91)
九、宽严相济的立法精神 ……………………………………… (92)
第三章　《最高人民检察院关于渎职侵权犯罪案件立案标准的规定》解读 ……………………………… (94)
第一节　最高人民检察院关于渎职侵权犯罪案件立案标准的规定 ……………………………………… (94)
第二节　安全生产渎职侵权犯罪立案标准及常见疑问 ………………………………………………… (120)
一、修订渎职侵权犯罪立案标准是形势所需 ………… (121)
二、渎职侵权犯罪立案标准修订后的新特点 ………… (122)
三、什么是滥用职权罪 ………………………………… (123)
四、滥用职权罪立案标准 ……………………………… (123)
五、什么是玩忽职守罪 ………………………………… (124)
六、玩忽职守罪立案标准 ……………………………… (124)
七、何谓"国家机关工作人员"? ……………………… (125)
八、未列入国家编制的公务人员,如借调、临时聘用人员是否属于国家机关工作人员? ……………… (126)
九、如何计算直接经济损失与间接损失? ……………… (126)
第四章　《安全生产领域违法违纪行为政纪处分暂行规定》解读 ……………………………………………… (128)
第一节　《安全生产领域违法违纪行为政纪处分暂行规定》 ………………………………………………… (128)
第二节　《安全生产领域违法违纪行为政纪处分暂行规定》解读 ……………………………………………… (134)
一、《暂行规定》的立法背景 …………………………… (135)
二、《暂行规定》的立法宗旨 …………………………… (136)
三、《暂行规定》的法律依据 …………………………… (138)
四、《暂行规定》的适用范围 …………………………… (139)

五、《暂行规定》的执法主体 …………………………………… (139)
六、《暂行规定》的执行主体 …………………………………… (140)
七、《暂行规定》的行政处分种类 ………………………………… (140)
八、国家行政机关及其公务员相关违法违纪行为及相应处分 ……………………………………………………… (141)
九、国有企业及其工作人员相关违法违纪行为及相应处分 ……………………………………………………… (145)
十、事业单位、中介组织及其工作人员的相关违法违纪行为及相应处分 ……………………………………… (147)
十一、其他违法违纪行为及相应处分 ……………………… (148)
十二、对国家行政机关及其公务员的处分量纪特点 … (148)
十三、对国有企业及其工作人员的处分量纪特点 …… (149)
十四、对事业单位、中介组织及其工作人员的处分量纪特点 …………………………………………………… (151)
第五章 《生产安全事故报告和调查处理条例》解读……… (152)
第一节 生产安全事故报告和调查处理条例……………… (152)
第二节 《生产安全事故报告和调查处理条例》解读…… (162)
一、如何制定事故等级划分的补充性规定? …………… (162)
二、事故报告的总体要求有哪些? ……………………… (163)
三、事故调查处理应当坚持的原则是什么? …………… (164)
四、事故调查处理的任务有哪些? ……………………… (165)
五、县级以上人民政府在事故调查处理中的职责是什么? ……………………………………………………… (166)
六、事故发生地有关地方人民政府配合事故调查处理的职责有哪些? ………………………………………… (167)
七、阻挠和干涉事故报告和调查处理的情形有哪些? … (168)
八、什么是事故上报"两条线"制度? ………………………… (169)
九、什么情况下,可以允许越级上报事故? ……………… (169)

十、怎样正确理解“每级上报的时间不得超过 2 小时”?
…………………………………………………………… (170)
十一、不同行业、领域如何计算事故直接经济损失?
…………………………………………………………… (170)
十二、特殊情况需要移动事故现场物件的,必须同时满足哪些条件? ………………………………… (171)
十三、公安机关对与事故有关的哪些人员可以采取强制措施? ……………………………………… (171)
十四、“上级人民政府认为必要时,可以调查由下级人民政府负责调查的事故”对“上级人民政府”、“认为必要时”应如何理解把握? ………………………… (172)
十五、如何遵循精简、效能的原则组建事故调查组?
…………………………………………………………… (173)
十六、事故调查组的职责具体有哪些? ……………… (174)
十七、“事故调查组应当自事故发生之日起60日内提交事故调查报告。”这个“60 日”是指自然日历还是工作日? ………………………………… (176)
十八、哪些特殊情况下,提交事故调查报告的期限可以适当延长? ……………………………………… (176)
十九、“有关机关”应如何落实事故调查报告的批复?
…………………………………………………………… (176)
二十、“事故发生单位”应如何落实事故调查报告的批复?
…………………………………………………………… (178)
二十一、事故发生单位的“主要负责人”具体包括哪些人?
…………………………………………………………… (178)
二十二、对于“不立即组织事故抢救”这一违法行为应如何界定? ……………………………………… (179)
二十三、是否事故单位一旦发生一般以上事故,就要按

相应事故等级进行经济处罚？ ………………… (179)
二十四、事故发生单位主要负责人未依法履行安全生产管理职责，导致事故发生的，应如何进行经济处罚？ …………………………………… (180)
二十五、事故发生单位对事故发生负有责任的，由有关部门依法暂扣或者吊销其有关证照。“有关部门”、“有关证照”应如何理解？ ………………… (180)
二十六、受聘参与事故调查的专家是否在任何情况下都免予处分和追究刑事责任？ ………………… (181)
二十七、安全生产监督管理部门决定罚款的行政处罚，需要注意哪些关键问题？ ……………………… (181)
二十八、国家机关、事业单位、人民团体发生的事故如何参照本条例的规定进行事故的调查报告处理？ …………………………………………… (182)
第六章 重大责任事故判例……………………………… (184)
一、河北省唐山市恒源实业有限公司“12·7”特别重大瓦斯煤尘爆炸事故 ………………………………… (184)
二、陕西省延安市子长县瓦窑堡镇煤矿“4·29”特别重大瓦斯爆炸事故 ………………………………… (188)
三、重庆市“10·1”特别重大道路交通事故 ………… (191)
四、山西省同煤集团轩岗煤电公司焦家寨煤矿“11·5”特别重大瓦斯爆炸事故 ……………………… (194)
五、云南省曲靖市富源县后所镇昌源煤矿“11·25”特别重大瓦斯爆炸事故 ………………………………… (197)
六、山西晋城“3·18”矿难22名责任人被判刑 ……… (200)
附录 相关安全法规、标准 ………………………… (203)
一、《中华人民共和国安全生产法》(节选) …………… (203)
二、《生产安全事故报告和调查处理条例》罚款处罚暂

行规定 ………………………………………………………… (215)
三、煤矿生产安全事故报告和调查处理规定 ………… (221)
四、《企业职工伤亡事故经济损失统计标准》(节选) … (231)
参考文献……………………………………………………… (236)
作者简介……………………………………………………… (237)
致谢…………………………………………………………… (238)

第一章 《刑法修正案(六)》解读

第一节 刑法修正案(六)

中华人民共和国刑法修正案(六)

中华人民共和国主席令 第51号

《中华人民共和国刑法修正案(六)》已由中华人民共和国第十届全国人民代表大会常务委员会第二十二次会议于2006年6月29日通过,现予公布,自公布之日起施行。

中华人民共和国主席 胡锦涛

2006年6月29日

中华人民共和国刑法修正案(六)

一、将刑法第一百三十四条修改为:"在生产、作业中违反有关安全管理的规定,因而发生重大伤亡事故或者造成其他严重后果的,处三年以下有期徒刑或者拘役;情节特别恶劣的,处三年以上七年以下有期徒刑。

强令他人违章冒险作业,因而发生重大伤亡事故或者造成其他严重后果的,处五年以下有期徒刑或者拘役;情节特别恶劣的,处五年以上有期徒刑。"

二、将刑法第一百三十五条修改为:"安全生产设施或者安全生产条件不符合国家规定,因而发生重大伤亡事故或者造成其他严重后果的,对直接负责的主管人员和其他直接责任人员,处三年以下有期徒刑或者拘役;情节特别恶劣的,处三年以上七年以下有期徒刑。"

三、在刑法第一百三十五条后增加一条,作为第一百三十五条之一:"举办大型群众性活动违反安全管理规定,因而发生重大伤亡事故或者造成其他严重后果的,对直接负责的主管人员和其他直接责任人员,处三年以下有期徒刑或者拘役;情节特别恶劣的,处三年以上七年以下有期徒刑。"

四、在刑法第一百三十九条后增加一条,作为第一百三十九条之一:"在安全事故发生后,负有报告职责的人员不报或者谎报事故情况,贻误事故抢救,情节严重的,处三年以下有期徒刑或者拘役;情节特别严重的,处三年以上七年以下有期徒刑。"

五、将刑法第一百六十一条修改为:"依法负有信息披露义务的公司、企业向股东和社会公众提供虚假的或者隐瞒重要事实的财务会计报告,或者对依法应当披露的其他重要信息不按照规定披露,严重损害股东或者其他人利益,或者有其他严重情节的,对其直接负责的主管人员和其他直接责任人员,处三年以下有期徒刑或者拘役,并处或者单处二万元以上二十万元以下罚金。”

六、在刑法第一百六十二条之一后增加一条,作为第一百六十二条之二:“公司、企业通过隐匿财产、承担虚构的债务或者以其他方法转移、处分财产,实施虚假破产,严重损害债权人或者其他人利益的,对其直接负责的主管人员和其他直接责任人员,处五年以下有期徒刑或者拘役,并处或者单处二万元以上二十万元以下罚金。”

七、将刑法第一百六十三条修改为:“公司、企业或者其他单位的工作人员利用职务上的便利,索取他人财物或者非法收受他人财物,为他人谋取利益,数额较大的,处五年以下有期徒刑或者拘役;数额巨大的,处五年以上有期徒刑,可以并处没收财产。

公司、企业或者其他单位的工作人员在经济往来中,利用职务上的便利,违反国家规定,收受各种名义的回扣、手续费,归个人所有的,依照前款的规定处罚。

国有公司、企业或者其他国有单位中从事公务的人员和国有公司、企业或者其他国有单位委派到非国有公司、企业以及其他单位从事公务的人员有前两款行为的,依照本法第三百八十五条、第三百八十六条的规定定罪处罚。”

八、将刑法第一百六十四条第一款修改为:“为谋取不正当利益,给予公司、企业或者其他单位的工作人员以财物,数额较大的,处三年以下有期徒刑或者拘役;数额巨大的,处三年以上十年以下有期徒刑,并处罚金。”

九、在刑法第一百六十九条后增加一条,作为第一百六十九条之一:“上市公司的董事、监事、高级管理人员违背对公司的忠实义务,利用职务便利,操纵上市公司从事下列行为之一,致使上市公司利益遭受重大损失的,处三年以下有期徒刑或者拘役,并处或者单处罚金;致使上市公司利益遭受特别重大损失的,处三年以上七年以下有期徒刑，并处罚金：

（一）无偿向其他单位或者个人提供资金、商品、服务或者其他资产的；

（二）以明显不公平的条件，提供或者接受资金、商品、服务或者其他资产的；

（三）向明显不具有清偿能力的单位或者个人提供资金、商品、服务或者其他资产的；

（四）为明显不具有清偿能力的单位或者个人提供担保，或者无正当理由为其他单位或者个人提供担保的；

（五）无正当理由放弃债权、承担债务的；

（六）采用其他方式损害上市公司利益的。

上市公司的控股股东或者实际控制人，指使上市公司董事、监事、高级管理人员实施前款行为的，依照前款的规定处罚。

犯前款罪的上市公司的控股股东或者实际控制人是单位的，对单位判处罚金，并对其直接负责的主管人员和其他直接责任人员，依照第一款的规定处罚。”

十、在刑法第一百七十五条后增加一条，作为第一百七十五条之一：“以欺骗手段取得银行或者其他金融机构贷款、票据承兑、信用证、保函等，给银行或者其他金融机构造成重大损失或者有其他严重情节的，处三年以下有期徒刑或者拘役，并处或者单处罚金；给银行或者其他金融机构造成特别重大损失或者有其他特别严重情节的，处三年以上七年以下有期徒刑，并处罚金。

单位犯前款罪的，对单位判处罚金，并对其直接负责的主管人员和其他直接责任人员，依照前款的规定处罚。”

十一、将刑法第一百八十二条修改为：“有下列情形之一，操纵证券、期货市场，情节严重的，处五年以下有期徒刑或者拘役，并处或者单处罚金；情节特别严重的，处五年以上十年以下有期徒刑，并处罚金：

(一)单独或者合谋,集中资金优势、持股或者持仓优势或者利用信息优势联合或者连续买卖,操纵证券、期货交易价格或者证券、期货交易量的;

(二)与他人串通,以事先约定的时间、价格和方式相互进行证券、期货交易,影响证券、期货交易价格或者证券、期货交易量的;

(三)在自己实际控制的账户之间进行证券交易,或者以自己为交易对象,自买自卖期货合约,影响证券、期货交易价格或者证券、期货交易量的;

(四)以其他方法操纵证券、期货市场的。

单位犯前款罪的,对单位判处罚金,并对其直接负责的主管人员和其他直接责任人员,依照前款的规定处罚。”

十二、在刑法第一百八十五条后增加一条,作为第一百八十五条之一:“商业银行、证券交易所、期货交易所、证券公司、期货经纪公司、保险公司或者其他金融机构,违背受托义务,擅自运用客户资金或者其他委托、信托的财产,情节严重的,对单位判处罚金,并对其直接负责的主管人员和其他直接责任人员,处三年以下有期徒刑或者拘役,并处三万元以上三十万元以下罚金;情节特别严重的,处三年以上十年以下有期徒刑,并处五万元以上五十万元以下罚金。

社会保障基金管理机构、住房公积金管理机构等公众资金管理机构,以及保险公司、保险资产管理公司、证券投资基金管理公司,违反国家规定运用资金的,对其直接负责的主管人员和其他直接责任人员,依照前款的规定处罚。”

十三、将刑法第一百八十六条第一款、第二款修改为:“银行或者其他金融机构的工作人员违反国家规定发放贷款,数额巨大或者造成重大损失的,处五年以下有期徒刑或者拘役,并处一万元以上十万元以下罚金;数额特别巨大或者造成特别重大损失的,处五年以上有期徒刑,并处二万元以上二十万元以下罚金。

银行或者其他金融机构的工作人员违反国家规定，向关系人发放贷款的，依照前款的规定从重处罚。”

十四、将刑法第一百八十七条第一款修改为：“银行或者其他金融机构的工作人员吸收客户资金不入账，数额巨大或者造成重大损失的，处五年以下有期徒刑或者拘役，并处二万元以上二十万元以下罚金；数额特别巨大或者造成特别重大损失的，处五年以上有期徒刑，并处五万元以上五十万元以下罚金。”

十五、将刑法第一百八十八条第一款修改为：“银行或者其他金融机构的工作人员违反规定，为他人出具信用证或者其他保函、票据、存单、资信证明，情节严重的，处五年以下有期徒刑或者拘役；情节特别严重的，处五年以上有期徒刑。”

十六、将刑法第一百九十一条第一款修改为：“明知是毒品犯罪、黑社会性质的组织犯罪、恐怖活动犯罪、走私犯罪、贪污贿赂犯罪、破坏金融管理秩序犯罪、金融诈骗犯罪的所得及其产生的收益，为掩饰、隐瞒其来源和性质，有下列行为之一的，没收实施以上犯罪的所得及其产生的收益，处五年以下有期徒刑或者拘役，并处或者单处洗钱数额百分之五以上百分之二十以下罚金；情节严重的，处五年以上十年以下有期徒刑，并处洗钱数额百分之五以上百分之二十以下罚金：

（一）提供资金账户的；

（二）协助将财产转换为现金、金融票据、有价证券的；

（三）通过转账或者其他结算方式协助资金转移的；

（四）协助将资金汇往境外的；

（五）以其他方法掩饰、隐瞒犯罪所得及其收益的来源和性质的。”

十七、在刑法第二百六十二条后增加一条，作为第二百六十二条之一：“以暴力、胁迫手段组织残疾人或者不满十四周岁的未成年人乞讨的，处三年以下有期徒刑或者拘役，并处罚金；情节严重的,处三年以上七年以下有期徒刑,并处罚金。"

十八、将刑法第三百零三条修改为:"以营利为目的,聚众赌博或者以赌博为业的,处三年以下有期徒刑、拘役或者管制,并处罚金。

开设赌场的,处三年以下有期徒刑、拘役或者管制,并处罚金;情节严重的,处三年以上十年以下有期徒刑,并处罚金。"

十九、将刑法第三百一十二条修改为:"明知是犯罪所得及其产生的收益而予以窝藏、转移、收购、代为销售或者以其他方法掩饰、隐瞒的,处三年以下有期徒刑、拘役或者管制,并处或者单处罚金;情节严重的,处三年以上七年以下有期徒刑,并处罚金。"

二十、在刑法第三百九十九条后增加一条,作为第三百九十九条之一:"依法承担仲裁职责的人员,在仲裁活动中故意违背事实和法律作枉法裁决,情节严重的,处三年以下有期徒刑或者拘役;情节特别严重的,处三年以上七年以下有期徒刑。"

二十一、本修正案自公布之日起施行。

第二节 《刑法修正案(六)》的出台背景

一、《刑法》的六次修正过程

1979 年 7 月 1 日,第五届全国人民代表大会第二次会议通过《刑法》。1997 年 3 月 14 日,第八届全国人民代表大会第五次会议修订。此后的 9 年时间里,先后对《刑法》进行了 6 次修正。

1999 年 12 月 25 日,九届全国人大常委会第十三次会议通过《刑法修正案》;2001 年 8 月 31 日,九届全国人大常委会第二十三次会议通过《刑法修正案(二)》;2001 年 12 月 29 日,九届全国人大常委会第二十五次会议通过《刑法修正案(三)》;2002 年 12 月 28 日,九届全国人大常委会第三十一次会议通过《刑法修正案

（四）》;2005 年 2 月 28 日，十届全国人大常委会第十四次会议通过《刑法修正案（五）》;2006 年 6 月 29 日，十届全国人大常委会第二十二次会议通过《刑法修正案（六）》。

二、唯有《刑法修正案（六）》涉及安全生产内容

在长达 9 年、多达 6 次的刑法修正案里，前 5 次均未涉及安全生产的内容，唯有《刑法修正案（六）》涉及安全生产的内容，而且，所居位置显眼、所占内容多:《刑法修正案（六）》的一至四条均为有关安全生产的内容，相关条文数占了总条文数的五分之一，对安全生产可谓空前重视;而从内容的巨大修正上讲，更是一座安全生产法制史上的里程碑。

三、对安全生产为何要严刑厉典

唯有《刑法修正案（六）》对安全生产违法犯罪行为的刑法处罚进行了修正，而且，从犯罪主体、构成要件到处罚力度都大大加强，可谓严刑厉典。为何要严刑厉典呢？这是由我国当前的国民经济现状、安全生产形势、党的执政方针与目标及民心所愿共同决定的。

（一）严峻的安全生产形势与高速增长的国民经济极不协调

改革开放以来，我国经济长期保持高速增长，取得了举世瞩目的巨大成就，并迅速步入工业化加速推进、社会快速转型的关键时期。在这一特殊时期，虽然我国的安全生产工作从机构设置、人员配备、法规体系、综合监管、专项治理等方面不断加强，取得了很大的成绩，但是，总体而言，形势一直严峻，突出表现为:事故总量居高不下，近十年来，全国每年平均发生各类事故高达 70 多万起，死亡约 12 万人;特大事故频繁发生，2001—2004 年，一次死亡 30 人以上特别重大事故平均不到 1 个月 1 起;事故经济损失巨大，近年来，我国每年各类事故经济损失均高达 2500 亿元!

严峻的安全生产形势与高速的经济增长极不协调，下大力气，抓好安全生产，国势所迫，发展所需！

(二)“三违”行为引发的事故超过事故总量的80%

造成当前安全生产形势严峻的原因很多，大量从业人员安全素质低下，如一些个体、私营等中小型企业。这些企业的生产经营者安全意识低下，重生产，重效益，轻安全，轻人命，其从业人员没有受过良好的安全教育，因而安全意识差，安全技能低；农村劳动力转移，更是形成了一个巨大的低素质群体。2004 年，已经有 1 亿 3 千万农村劳动力转移。这些廉价劳动力，本身文化水平就低，又在矿山、建筑、危化等高危行业中从事最苦、最累、最脏、最险的工作，因此，很容易因安全意识低，特别是因安全操作技能和安全防范技能低下，使得违章操作、违章指挥、违反劳动纪律的“三违”现象屡禁不止，从而发生重大人身伤亡事故。据不完全统计，“三违”行为引发的事故超过事故总量的80%！

不严刑厉典，让企业主依法生产，让从业人员依法操作，就会“三违”难除，事故不止。

(三)对安全生产违法犯罪行为追究“失之于宽、失之于软”的问题日益突出

众所周知，刑罚是国家为达到保护合法利益、维持社会秩序所能够采取的“最后手段”，损害赔偿等民事责任，警告、罚款、行政拘留等行政处罚手段，都远远不及刑法规定的判刑坐牢严厉。可令人遗憾的是，原刑法及新颁布的《安全生产法》常常无法对责任人科以重罚，相对于行为人获取的不法利益来说，其付出的违法成本非常“低廉”。根据原《刑法》第一百三十一至一百三十九条规定，发生安全生产事故，对责任者最高只能判 7 年，执行中，还可能减刑或保外就医，从而“逍遥法外”。此外，《安全生产法》对不具备安全生产条件而发生事故的生产经营单位最高罚款也只为 20 万元，对诸多企业根本起不到伤筋动骨的震慑作用。

常言道,“玩火者必自焚!”从法学理论讲,就是违法者要付出与自己的行为具有的危害性所相应的成本。玩火者不能“自焚”,必然使得一些业主无视法律、无视监管、无视生命,引发许多本可有效避免的重特大恶性事故,给社会造成了不良影响,给国家和人民的生命财产造成了不应有的巨大损失。对一系列重特大事故发生的原因进行深层次分析,更加说明了这个问题的严重性。

如一些煤矿主,在不具备基本安全生产条件的情况下违章冒险开采,为了减少投入、增加利润,不仅不给矿工购买保险,就连矿工的日常防护用品、作业工具都要工人自己购买,包括三轮车、工作服、矿灯等。甚至在事故发生前井下已有透水征兆,工人拒绝继续下井作业时,还要被矿主罚款。而一旦发生事故,即便造成数十人的死亡,这些矿主对每个遇难者往往仅用几万元,并采取欺骗、恐吓、逼迫等手段轻而易举地将经济状况差、胆小怕事的矿工家属“私了”了。即便是按照当前每人 20 万元的赔偿标准,也只用赔付几百万元,这点事故成本与其所获得的利润相比,常常是九牛一毛,不伤筋骨。

有人给某事故煤矿算了一笔账,上年该矿主的纯利润大约在 1.5 亿元左右,而造成 60 人死亡的事故,也基本只需 1500 万就可以赔偿完毕。如此巨大的利润,如此低廉的违法成本,使其心甘情愿铤而走险,“那情形就像饿狼见血了,宁死不会松口!”如果矿主因此被追究刑事责任,即便被判入狱,在金钱及各种“地方保护势力”的关照下,很容易获得缓刑、减刑、保外就医等“特殊待遇”,从而使其无法受到法律的严惩。

总之,过低的犯罪成本,纵容了诸多生产经营者的违法行为,其漠视法律、草菅人命的状况甚至到了令人发指的地步。

下面是近年来发生的几起典型的不报、瞒报事故,可以充分证明此种问题已经形成了危害巨大的“毒瘤”,到了非治不可的地步了。

广西南丹死亡81人矿难——彻底瞒报!

2001年7月17日,广西南丹县龙泉矿冶总厂下属的拉甲坡矿发生特大透水事故,造成井下81名矿工死亡。

事发当日,南丹县委县政府主要领导及分管领导就接到了事故报告,时任县委书记万瑞忠与原县长唐毓盛、原县委副书记莫壮龙、原副县长韦学光密谋后,决定对此事进行隐瞒不报。万瑞忠还授意莫壮龙、韦学光告知龙泉矿冶总厂自行处理好事故善后工作,防止事故消息泄露。然而,坚固的事故同盟并没有挡住正义与良知。10天之后,富于正义感的新闻记者循着举报线索,将此次事故的一些情况公之于众。

8月2日,人民日报关于南丹"7·17"特大事故的紧急报告以"信息专报"的形式上送中央,原国务院总理朱镕基阅后当即严厉批示:如此重大事故必须查个水落石出!当日深夜,河池地区负责人才打电话向自治区报告:南丹矿区确实发生重大透水事故,初步查明有70多人失踪。

在媒体闻讯纷起调查,自治区主要党政领导闻讯也多次追问并责成地县调查后,"同盟"者们居然还坚守了整整一周!在创造了现代特大事故瞒报纪录的这一周中,偏远的南丹县相关责任人面对纷至沓来的新闻记者,面对自治区的一再追查,面对国家安全生产监督管理局的先期明察暗访,都一律给予同样的明确回答:没有发现重大透水事故,没有发现事故伤亡。

7月31日,一份盖着广西壮族自治区经贸委和广西安全生产委员会办公室两个公章的事故调查报告,传报给国家安全生产监督管理局,认定结论是"据核查,没有发现有发生重大透水伤亡事故的情况"。

这期间,最典型最具"胆量"的瞒报场面是在8月1日。自治区党委书记曹伯纯这天特地从南宁赶到南丹,先察看传闻中的矿井事故现场,再到地区所在地听取汇报,参加汇报会的有河池地区和南丹县的主要党政领导，地、县有关部门负责人，奇怪的是，到会者异口同声重复着一个认定：至今没有发现重大事故和死人！

南丹县及河池地区原主要党政官员竟然敢于与“7·17”事故矿主相互庇护，运用权力、财力、武力等多种力量和手段，对这一特大事故实行“攻守同盟”，企图一瞒到底，这使党中央国务院领导大为震惊和震怒！已与矿山事故打了几十年交道的担任国务院调查组组长的时任国家安全生产监督管理局局长张宝明经实地查证后，愤怒斥责：如此特大事故还敢官商勾结隐瞒不报，实在令人发指，全国罕见！

为了查个水落石出，就在中央领导作出批示的第二天即8月3日，由国家经贸委主任李荣融率领的中央调查组飞赴广西；4日，直奔南丹事故现场；6日，李荣融在京对记者谈话发布：调查证实，南丹“7·17”透水事故是特大事故，事故发生后隐瞒不报的情况确实存在，调查中发现有黑恶势力参与其中。同日下午，国务院领导在北戴河研究制定了对这一特大事故的深入调查方案。

8月8日，时任国务院安全生产委员会副主任、国家安全生产监督管理局局长张宝明率领的国务院调查组一行40多人飞抵南宁。调查组副组长由国家公安部副部长罗锋和监察部副部长陈昌智担任，中央8个部委派员参加。9日，调查组抵达南丹，由此展开对南丹“7·17”特大透水事故的全面调查。

国务院调查组先后经过50天的调查，终于查清这起特大事故隐瞒的过程，最终法律对相关责任者予以严惩，其中，县委书记万瑞忠以受贿罪、滥用职权罪，数罪并罚，判处万瑞忠死刑。另有数十人被判处有期徒刑。

山西省繁峙“6·22”矿难——35人被瞒报！

2002年6月22日，山西省繁峙县砂河镇义兴寨金矿发生爆炸，造成37名矿工死亡，多人受伤，但是，这次爆炸并未引起矿主重视。爆炸过后，矿方不但不组织抢救，反而决定隐匿尸体，毁灭证据。同时商定了“2 死 4 伤,其余人安全撤离”的弥天大谎,以应付调查,掩盖真相,逃避打击。

当日深夜,义兴寨大雨滂沱。乘民警撤离事故现场之机,矿方出动车辆人员,先后 10 余次将死难矿工尸体拉出,隐藏或掩埋于周边乡村的 8 处山沟、地里或洞内。6 月 25 日和 26 日,矿方又派人将其中的 5 具尸体挖出焚烧,进行毁尸灭迹。而对幸存矿工,则发资遣散,暂时打发。

朗朗乾坤,昭昭日月,纸里岂能包住火?

经过艰苦细致的调查,事故真相最终大白于天下,相关的责任人也受到了法律的严惩。

2003 年底,涉及该爆炸案的当地 21 名各级干部得到处理,其中追究刑事责任者 8 人,给予党纪政纪处分的 13 人。10 名处级干部中开除党籍、开除公职者 3 人,开除党籍者 1 人,留党察看 1 人,撤销党内职务者 3 人,严重警告者 2 人。

山西省宁武县“7·2”矿难——17 具矿工遗体被跨省转移!

2005 年 7 月 2 日 14 时 30 分左右,山西省宁武县阳方口镇贾家堡煤矿原接替井发生瓦斯爆炸,矿主上报有 19 名矿工遇难。山西省政府领导和有关部门负责人到达事故现场后,立即询问了遇难矿工家属和受伤矿工,怀疑矿主所报伤亡人数有水分,当即指示事故调查组把核实伤亡人数作为工作重点。

根据群众举报,警方于 7 月 11 日在内蒙古乌兰察布市第二人民医院发现 7 具遇难矿工遗体,在乌兰察布市集宁区殡仪馆发现 3 具矿工遗体,随后又在内蒙古丰镇市发现 7 具遇难矿工遗体。一起事故,36 人死亡,竟有 17 具遗体被瞒报跨区转移,矿主心肠之“黑”、手段之“狠”,令人发指!

如此情形,不严刑厉典,重典治乱,就不能迅速从根本上扭转重特大事故频频发生的严峻局面。

（四）各类伤亡事故影响到了全面建设小康社会的宏伟目标

当前，每年因伤亡事故引发涉及职业安全健康和工伤保险的劳动争议案件日益增多，容易激化社会矛盾，影响到社会安定与和谐。因此，加强安全法制建设，对规范生产经营单位和从业人员的安全生产行为，保障生产经营活动的顺利进行，遏制重特大事故的发生，维护人民群众的生命安全，是全面实现建设小康社会宏伟目标的需要。如果人的生命都不能得到保障，还谈什么小康呢？

因此，严刑厉典，打击安全违法行为，①是落实依法治国方略的需要。“依法治国，建设社会主义法治国家”是宪法规定的治理国家的基本方略。②是落实“以人为本”科学发展观的需要。生命无价，健康无价。安全生产的科学发展观，首先就是要坚持“以人为本”的安全生产原则，各项安全工作从着眼点到落脚点首先都要保障人民群众的生命安全与健康。③是维护我国国际形象的需要。各类伤亡事故和职业危害影响我国的国际形象。严峻的安全生产状况、频发的特别重大事故已引起了国际社会的广泛关注，对我国的国际形象造成了不良影响。④是保证国民经济健康可持续发展的需要。当前，国民经济形势欣欣向荣，势如奔马，而频频发生的重特大事故、造成的重大经济损失与之相比显得极不协调，必须彻底扭转安全生产滞后于经济发展的局面。

（五）安全生产处于特殊的经济发展期

世界上大多数国家的经验表明：当一个国家的人均 GDP 在 5000 美元以下时，高速的经济发展很难避免工伤事故和伤亡的数量增加以及大范围波动；人均 GDP 在达到 1 万美元时，工伤事故可做到稳定下降，且波动幅度很小；只有 GDP 达到或超过 2 万美元时，工伤事故可以得到较好的控制，特大事故概率很低，伤亡人数明显下降，基本不出现较大波动和反复。

工伤事故死亡指数与国民经济增长幅度密切相关。当国民经济增长速度显著加快时,死亡人数指数也明显上升;而经济增长幅度下降时,死亡人数指数也开始下降并趋于平稳。2003 年中国人均 GDP 为 1087 美元,首次突破 1000 美元,有专家预测,到 2010 年,我国人均 GDP 将达到 1900 美元。

事实上,最近几年,我国的国民经济增长率大致在 7%~9% 之间,据此推算,近期我国工伤死亡人数很难出现明显下降。许多国家经验表明,在工业化发展过程中,国家经济总量增长必然带来生产过程中所产生的风险覆盖规模和强度的加大,在事故发生概率和产生后果这两个要素方面都加大了风险度,从而导致事故增多和伤亡人数增加。因此,对于正处在工业特别是工业制造业高速发展的中国,不采取严刑厉典等超常规措施,就很难实现事故发生频率、工伤人数的大幅度下降,就很难不重复发达国家走过的老路。

(六)民心所愿

随着国民经济的持续高速增长,人们的物质文化生活和精神文化生活日益提高,人们的生命价值观日益增强。广大民众要求不仅生命不能受到威胁,而且健康也要得到保障。以人为本,科学发展,首先就是要以人的生命安全为本,这就必须实现安全生产,特别是从根本上预防特大事故的发生。当此之时,对安全生产违法犯罪行为进行严厉打击,顺民心,合民意。

(七)贯彻"安全第一,预防为主,综合治理"的安全生产方针的需要

党的十六届五中全会首次提出、中央领导同志再次明确和强调的现行安全生产方针,是"安全第一,预防为主,综合治理"。坚持安全第一,必须以预防为主,实施综合治理;只有认真治理隐患,有效防范事故,才能把"安全第一"落到实处。事故源于隐患,重特大事故往往是重大隐患长期存在、恶性发作的结果。防范事故的有效办法,就是要主动排查、综合治理各类隐患,把工作做在事故

发生之前，把事故消灭在萌芽状态。

综合治理的基本方法和途径，就是要坚持标本兼治、重在治本，在采取断然措施遏制重特大事故、实现治标的同时，积极探索和实施治本之策，综合运用法律手段、经济手段和必要的行政手段，从发展规划、行业管理、安全投入、科技进步、经济政策、教育培训、安全立法、激励约束、企业管理、监管体制、社会监督以及追究事故责任、查处违法违纪等方面着手，抓紧解决影响制约我国安全生产的历史性、深层次问题，做到思想认识上警钟长鸣，制度保证上严密有效，技术支撑上坚强有力，监督检查上严格细致，事故处理上严肃认真。没有规矩，不成方圆。没有严厉的法纪，就不能让综合治理做到重心向下，关口前移。

因此，出台《刑法修正案(六)》，对安全生产违法行为进行严厉打击，重典治乱，是当前国民经济快速发展，全面建设小康社会、和谐社会，而安全生产形势严峻情形之下的必由之举，形势所迫，民愿所需。

《刑法修正案(六)》是我国安全生产法制史的一座里程碑，是一把严惩安全违法犯罪行为的利剑，必将为强化安全生产管理，遏制重特大事故发生起到巨大的促进作用。

利刃所至，漠视法律、漠视监管、漠视生命等毒瘤必将应刃而落，安全生产形势将从根本上迅速得到好转，为全面建设小康社会提供强有力的保障！

第三节　《刑法修正案(六)》的安全条款及修正特点

《刑法修正案(六)》对 1997 年修订的刑法进行了大幅度修正。主要原因是随着我国经济成分的多样化、从业人员的复杂化、经济利益的多元化、安全生产形势的严峻化，使得许多 1997 年修订的

《刑法》有关安全的内容已经不能完全适应形势的需要，而且，诸多方面还存在立法缺位的问题，这就要求必须针对实际，对其进行修正。

一、《刑法》(1997 年修订)的安全条款

第一百三十一条　航空人员违反规章制度，致使发生重大飞行事故，造成严重后果的，处三年以下有期徒刑或者拘役；造成飞机坠毁或者人员死亡的，处三年以上七年以下有期徒刑。

第一百三十二条　铁路职工违反规章制度，致使发生铁路运营安全事故，造成严重后果的，处三年以下有期徒刑或者拘役；造成特别严重后果的，处三年以上七年以下有期徒刑。

第一百三十三条　违反交通运输管理法规，因而发生重大事故，致人重伤、死亡或者使公私财产遭受重大损失的，处三年以下有期徒刑或者拘役；交通运输肇事后逃逸或者有其他特别恶劣情节的，处三年以上七年以下有期徒刑；因逃逸致人死亡的，处七年以上有期徒刑。

第一百三十四条　工厂、矿山、林场、建筑企业或者其他企业、事业单位的职工，由于不服管理、违反规章制度，或者强令工人违章冒险作业，因而发生重大伤亡事故或者造成其他严重后果的，处三年以下有期徒刑或者拘役；情节特别恶劣的，处三年以上七年以下有期徒刑。

第一百三十五条　工厂、矿山、林场、建筑企业或者其他企业、事业单位的劳动安全设施不符合国家规定，经有关部门或者单位职工提出后，对事故隐患仍不采取措施，因而发生重大伤亡事故或者造成其他严重后果的，对直接责任人员，处三年以下有期徒刑或者拘役；情节特别恶劣的，处三年以上七年以下有期徒刑。

第一百三十六条　违反爆炸性、易燃性、放射性、毒害性、腐蚀性物品的管理规定，在生产、储存、运输、使用中发生重大事故，造

成严重后果的，处三年以下有期徒刑或者拘役；后果特别严重的，处三年以上七年以下有期徒刑。

第一百三十七条　建设单位、设计单位、施工单位、工程监理单位违反国家规定，降低工程质量标准，造成重大安全事故的，对直接责任人员，处五年以下有期徒刑或者拘役，并处罚金；后果特别严重的，处五年以上十年以下有期徒刑，并处罚金。

第一百三十八条　明知校舍或者教育教学设施有危险，而不采取措施或者不及时报告，致使发生重大伤亡事故的，对直接责任人员，处三年以下有期徒刑或者拘役；后果特别严重的，处三年以上七年以下有期徒刑。

第一百三十九条　违反消防管理法规，经消防监督机构通知采取改正措施而拒绝执行，造成严重后果的，对直接责任人员，处三年以下有期徒刑或者拘役；后果特别严重的，处三年以上七年以下有期徒刑。

第二百二十九条　承担资产评估、验资、验证、会计、审计、法律服务等职责的中介组织的人员故意提供虚假证明文件，情节严重的，处五年以下有期徒刑或者拘役，并处罚金。

前款规定的人员，索取他人财物或者非法收受他人财物，犯前款罪的，处五年以上十年以下有期徒刑，并处罚金。

第一款规定的人员，严重不负责任，出具的证明文件有重大失实，造成严重后果的，处三年以下有期徒刑或者拘役，并处或者单处罚金。

第二百七十七条　以暴力、威胁方法阻碍国家机关工作人员依法执行职务的，处三年以下有期徒刑、拘役、管制或者罚金。

以暴力、威胁方法阻碍全国人民代表大会和地方各级人民代表大会代表依法执行代表职务的，依照前款的规定处罚。

在自然灾害和突发事件中，以暴力、威胁方法阻碍红十字会工作人员依法履行职责的，依照第一款的规定处罚。

故意阻碍国家安全机关、公安机关依法执行国家安全工作任务,未使用暴力、威胁方法,造成严重后果的,依照第一款的规定处罚。

第三百零七条　以暴力、威胁、贿买等方法阻止证人作证或者指使他人作伪证的,处三年以下有期徒刑或者拘役;情节严重的,处三年以上七年以下有期徒刑。

帮助当事人毁灭、伪造证据,情节严重的,处三年以下有期徒刑或者拘役。

司法工作人员犯前两款罪的,从重处罚。

第三百四十三条　违反矿产资源法的规定,未取得采矿许可证擅自采矿的,擅自进入国家规划矿区、对国民经济具有重要价值的矿区和他人矿区范围采矿的,擅自开采国家规定实行保护性开采的特定矿种,经责令停止开采后拒不停止开采,造成矿产资源破坏的,处三年以下有期徒刑、拘役或者管制,并处或者单处罚金;造成矿产资源严重破坏的,处三年以上七年以下有期徒刑,并处罚金。

违反矿产资源法的规定,采取破坏性的开采方法开采矿产资源,造成矿产资源严重破坏的,处五年以下有期徒刑或者拘役,并处罚金。

第三百九十七条　国家机关工作人员滥用职权或者玩忽职守,致使公共财产、国家和人民利益遭受重大损失的,处三年以下有期徒刑或者拘役;情节特别严重的,处三年以上七年以下有期徒刑。本法另有规定的,依照规定。

国家机关工作人员徇私舞弊,犯前款罪的,处五年以下有期徒刑或者拘役;情节特别严重的,处五年以上十年以下有期徒刑。本法另有规定的,依照规定。

二、《刑法修正案(六)》的安全条款

(一)《刑法修正案(六)》的修改条款

1. 将刑法第一百三十四条修改为:“在生产、作业中违反有关安全管理的规定,因而发生重大伤亡事故或者造成其他严重后果的,处三年以下有期徒刑或者拘役;情节特别恶劣的,处三年以上七年以下有期徒刑。

强令他人违章冒险作业,因而发生重大伤亡事故或者造成其他严重后果的,处五年以下有期徒刑或者拘役;情节特别恶劣的,处五年以上有期徒刑。”

2. 将刑法第一百三十五条修改为:“安全生产设施或者安全生产条件不符合国家规定,因而发生重大伤亡事故或者造成其他严重后果的,对直接负责的主管人员和其他直接责任人员,处三年以下有期徒刑或者拘役;情节特别恶劣的,处三年以上七年以下有期徒刑。”

(二)《刑法修正案(六)》的新增条款

1. 在刑法第一百三十五条后增加一条,作为第一百三十五条之一:“举办大型群众性活动违反安全管理规定,因而发生重大伤亡事故或者造成其他严重后果的,对直接负责的主管人员和其他直接责任人员,处三年以下有期徒刑或者拘役;情节特别恶劣的,处三年以上七年以下有期徒刑。”

2. 在刑法第一百三十九条后增加一条,作为第一百三十九条之一:“在安全事故发生后,负有报告职责的人员不报或者谎报事故情况,贻误事故抢救,情节严重的,处三年以下有期徒刑或者拘役;情节特别严重的,处三年以上七年以下有期徒刑。”

三、《刑法修正案(六)》修正的显著特征

《刑法修正案(六)》对刑法的修正,呈现以下五个显著特征:

(一)扩大了犯罪主体范围

《刑法修正案(六)》对刑法原规定中带有限制条件的特定犯罪主体进行了取消条件限制的一般化处理,使得犯罪主体范围扩大。

如刑法原第一百三十四条规定:"工厂、矿山、林场、建筑企业或者其他企业、事业单位的职工,由于不服管理、违反规章制度,或者强令工人违章冒险作业,因而发生重大伤亡事故或者造成其他严重后果的,处三年以下有期徒刑或者拘役;情节特别恶劣的,处三年以上七年以下有期徒刑。"

《刑法修正案(六)》将刑法第一百三十四条修改为:"在生产、作业中违反有关安全管理的规定,因而发生重大伤亡事故或者造成其他严重后果的,处三年以下有期徒刑或者拘役;情节特别恶劣的,处三年以上七年以下有期徒刑。

强令他人违章冒险作业,因而发生重大伤亡事故或者造成其他严重后果的,处五年以下有期徒刑或者拘役;情节特别恶劣的,处五年以上有期徒刑。"

对第一百三十四条的修改,使犯罪主体范围大大增加。原来的犯罪主体为"工厂、矿山、林场、建筑企业或者其他企业、事业单位的职工",而现在取消了行业、身份的限制,只要是在生产、作业过程中,任何人违反有关安全管理的规定,并因而发生重大伤亡事故或者造成其他严重后果,都要受到刑法的追究。

同时,增加了违反安全管理规定,举办大型群众性集体活动发生重大伤亡事故或造成其他严重后果、不报或谎报事故等行为人的处罚,使得刑法对安全违法行为的主体范围进一步扩大。

(二)拓宽了犯罪行为范畴

《刑法修正案(六)》对刑法原规定中带有限制条件的特定犯罪行为进行了取消条件限制的一般化处理,使得犯罪行为构成范畴扩大。

如对刑法第一百三十四条的修改，原来的犯罪构成行为是“不服管理、违反规章制度，或强令工人违章冒险作业”，因而发生重大伤亡事故或者造成其他严重后果。现在改成“违反有关安全管理的规定”。有关安全管理的规定比规章制度范畴更广，无疑增加了犯罪构成行为。

同时，增加了违反安全管理规定举办大型群众性集体活动发生重大伤亡事故或造成其他严重后果、不报或谎报事故等行为的处罚，使得刑法对安全违法行为的犯罪行为构成范畴进一步扩大。

（三）简化了犯罪认定程序

《刑法修正案（六）》对安全违法行为的认定程序大大简化，使得安全违法行为的认定简单明了，易于操作。

如对刑法第一百三十四条的修改，原来的犯罪构成行为是“不服管理、违反规章制度，或强令工人违章冒险作业”，因而发生重大伤亡事故或者造成其他严重后果。现在改成“违反有关安全管理的规定”，即不再认定是否“不服管理、违反规章制度，或强令工人违章冒险作业”，只要“违反有关安全管理的规定”，并因而发生重大伤亡事故或者造成其他严重后果，就触犯了刑法。

又如，刑法原第一百三十五条规定：“工厂、矿山、林场、建筑企业或者其他企业、事业单位的劳动安全设施不符合国家规定，经有关部门或者单位职工提出后，对事故隐患仍不采取措施，因而发生重大伤亡事故或者造成其他严重后果的，对直接责任人员，处三年以下有期徒刑或者拘役；情节特别恶劣的，处三年以上七年以下有期徒刑。”现在修改为，只要“安全生产设施或者安全生产条件不符合国家规定”，不用再附加“经有关部门或者单位职工提出后，对事故隐患仍不采取措施”条件，发生重大伤亡事故或者造成其他严重后果，就要“对直接负责的主管人员和其他直接责任人员，处三年以下有期徒刑或者拘役；情节特别恶劣的，处三年以上七年以下有期徒刑”。

这些都大大简化了安全违法犯罪的认定程序。

(四)大大提高了刑罚幅度

《刑法修正案(六)》对安全违法打击的处罚力度比刑法原规定的处罚大大加重。如"强令工人违章冒险作业",并因而发生重大伤亡事故或者造成其他严重后果的,刑法原第一百三十四条规定:"工厂、矿山、林场、建筑企业或者其他企业、事业单位的职工,由于不服管理、违反规章制度,或者强令工人违章冒险作业,因而发生重大伤亡事故或者造成其他严重后果的,处三年以下有期徒刑或者拘役;情节特别恶劣的,处三年以上七年以下有期徒刑。"

《刑法修正案(六)》将刑法第一百三十四条修改为:"在生产、作业中违反有关安全管理的规定,因而发生重大伤亡事故或者造成其他严重后果的,处三年以下有期徒刑或者拘役;情节特别恶劣的,处三年以上七年以下有期徒刑。

强令他人违章冒险作业,因而发生重大伤亡事故或者造成其他严重后果的,处五年以下有期徒刑或者拘役;情节特别恶劣的,处五年以上有期徒刑。"

这就将"强令工人违章冒险作业"明确为一种加重处罚的"重刑"规定,最高可判 5 年,情节特别恶劣的,可判 15 年。而在此之前,"强令工人违章冒险作业"只是刑法的一种基本犯罪表现形式,最高只可判 3 年。情节特别恶劣的,也顶多判 7 年。

同时,对发生事故,不报或谎报的行为进行刑事责任追究,这在刑法原规定中是没有过的。《刑法修正案(六)》在刑法第一百三十九条后增加一条,作为第一百三十九条之一:"在安全事故发生后,负有报告职责的人员不报或者谎报事故情况,贻误事故抢救,情节严重的,处三年以下有期徒刑或者拘役;情节特别严重的,处三年以上七年以下有期徒刑。"很明显,刑法对不报或谎报行为的处罚力度大幅提高。

（五）与《安全生产法》有机对应

《安全生产法》第十六条规定："生产经营单位应当具备本法和有关法律、行政法规和国家标准或者行业标准规定的安全生产条件。不具备安全生产条件的，不得从事生产经营活动。"

《刑法修正案（六）》将刑法第一百三十五条修改为："安全生产设施或者安全生产条件不符合国家规定，因而发生重大伤亡事故或者造成其他严重后果的，对直接负责的主管人员和其他直接责任人员，处三年以下有期徒刑或者拘役；情节特别恶劣的，处三年以上七年以下有期徒刑。"将"安全生产设施或者安全生产条件"作为安全违法犯罪行为的前置条件，就与《安全生产法》第十六条规定进行了对应，就会通过刑法强力约束任何生产经营单位都必须"具备基本安全生产条件"，抓住这个牛鼻子，安全生产就会从源头上得到根本性保障。

同样，对于不报或谎报事故的行为，《安全生产法》也明文禁止：

第七十条　生产经营单位发生生产安全事故后，事故现场有关人员应当立即报告本单位负责人。

单位负责人接到事故报告后，应当迅速采取有效措施，组织抢救，防止事故扩大，减少人员伤亡和财产损失，并按照国家有关规定立即如实报告当地负有安全生产监督管理职责的部门，不得隐瞒不报、谎报或者拖延不报，不得故意破坏事故现场、毁灭有关证据。

第七十一条　负有安全生产监督管理职责的部门接到事故报告后，应当立即按照国家有关规定上报事故情况。负有安全生产监督管理职责的部门和有关地方人民政府对事故情况不得隐瞒不报、谎报或者拖延不报。

第七十二条　有关地方人民政府和负有安全生产监督管理职责的部门的负责人接到重大生产安全事故报告后，应当立即赶到事故现场,组织事故抢救。

任何单位和个人都应当支持、配合事故抢救,并提供一切便利条件。

而对于不报或谎报事故行为的刑事处罚,《刑法修正案(六)》在刑法第一百三十九条后增加一条,作为第一百三十九条之一:"在安全事故发生后,负有报告职责的人员不报或者谎报事故情况,贻误事故抢救,情节严重的,处三年以下有期徒刑或者拘役;情节特别严重的,处三年以上七年以下有期徒刑。"这就将不报或谎报事故的刑罚,与《安全生产法》第七十条、七十一条、七十二条实现了对应。为从源头上杜绝不报、谎报事故现象,严厉打击漠视法律、漠视监管、漠视生命的黑心业主、黑心矿主,提供了强大的法律武器!

总之,《刑法修正案(六)》不仅扩大了安全生产犯罪的主体范围、犯罪行为构成,更重要的是加大了对事故责任人的刑事处罚力度,对安全生产违法行为进行前所未有的严厉打击。用重典来治乱,是当前国民经济快速发展,全面建设小康社会、和谐社会,以及安全生产形势严峻情形之下的必由之举、形势所迫、民愿所需。可以预见,随着刑法利刃所至,那些漠视法律、漠视监管、漠视生命的毒瘤将随之切除,中国的安全生产形势将迅速从根本上得到好转,为国民经济的健康发展,全面建设小康社会的宏伟目标打下坚实的基础,提供强有力的保障。

《刑法修正案(六)》给广大劳动者带来了福音,也给那些漠视安全、漠视生命、漠视法律者敲响了警钟!安全生产领域必将掀起一场严厉打击安全生产违法行为,坚决遏制重特大事故的强劲风暴!从广大一线操作工人到企业各级负责人,从政府各级安全监督管理人员到政府各级领导,都将受到严峻的洗礼!

当此之时,人人须学法,知其要义;人人须守法,知其利害。法之有威,在于法之必行;法之必行,在于执法必严。正是"利剑高悬莫去碰,侥幸玩火必自焚”!

学法守法,利国利民,利己利人!

第四节 《刑法修正案(六)》的安全条款解读

一、安全违法犯罪的种类变化

刑法中的安全条款很多,内容涉及航空、铁路、交通运输、工厂、矿山、林场、建筑企业及监理、消防、学校等企业、事业单位。以重大安全事故责任罪为总体范畴可以分列重大航空安全事故责任罪、重大铁路安全事故责任罪等多种犯罪类型,当然还有国家工作人员的渎职罪等。

《刑法修正案(六)》对相关的条款进行了修正,相应地带来了犯罪种类的变化。内容不仅涉及航空、铁路、交通运输、工厂、矿山、林场、建筑企业及监理、消防、学校等企业、事业单位,而且,还扩展到了个体工商户等任何有生产、作业的单位,当然,也增加了大型群众性活动重大事故罪,不报、谎报事故罪等。这都需要对照修正后的规定进行相应的比较学习。

二、《刑法修正案(六)》的安全条款解读

(一)《刑法修正案(六)》第一条解读

《刑法修正案(六)》第一条,即将刑法第一百三十四条修改为:“在生产、作业中违反有关安全管理的规定,因而发生重大伤亡事故或者造成其他严重后果的,处三年以下有期徒刑或者拘役;情节特别恶劣的,处三年以上七年以下有期徒刑。

强令他人违章冒险作业,因而发生重大伤亡事故或者造成其他严重后果的,处五年以下有期徒刑或者拘役;情节特别恶劣的,处五年以上有期徒刑。”

修正前后发生的变化如下：

1.犯罪主体构成范畴扩大

原来的犯罪主体为"工厂、矿山、林场、建筑企业或者其他企业、事业单位的职工"。现在取消了行业、身份的限制，不管是企业、事业单位的职工，还是个体工商户、个体包工头、个体作坊主，只要在生产、作业过程中，违反有关安全管理的规定，并因而发生重大伤亡事故或者造成其他严重后果，都要受到刑法的追究。

犯罪的主体构成从计划经济下企业、事业单位职工，扩大到了市场经济体制下的多种经济成分、多种组织形式下的所有生产、作业从业人员，这样就消除了个体工商户、个体包工头、个体作坊主违反有关安全管理规定，造成重大伤亡事故或其他严重后果，却无法依据刑法对其进行刑事责任追究的立法缺位现象。

2.犯罪行为构成范畴拓宽

原来的犯罪构成行为是"不服管理、违反规章制度，或强令工人违章冒险作业"，因而发生重大伤亡事故或者造成其他严重后果。现在改成了"违反有关安全管理的规定"。有关安全管理的规定比规章制度范畴更广，无疑增加了犯罪构成行为。

规章制度，通常是指国家制定的法律、法规、规章、标准，而"安全管理规定"则在此基础上，包纳了一切非法定的有利于安全生产行业、企业、事业单位的安全管理规定。只要违背了这些有效的"安全管理规定"，并造成了重大伤亡事故或其他严重后果，都是违法犯罪行为，并让严惩犯罪行为的执法者做到有法可依。这就更有利于推动安全工作在生产实践中不断朝着法制化、规范化、标准化的方向迈进。

3.犯罪行为认定程序简化

原来的犯罪构成行为是"不服管理、违反规章制度，或强令工人违章冒险作业"，并因而发生重大伤亡事故或者造成其他严重后果。现在无须先去认定是否"不服管理、违反规章制度，或强令工人违章冒险作业”，只要“违反有关安全管理的规定”，并因而发生重大伤亡事故或者造成其他严重后果，就可直接判定为触犯了刑法。

4.“强令工人违章冒险作业”的处罚力度加大

修改之前。“强令工人违章冒险作业”只是刑法的一种基本犯罪表现形式。“强令工人违章冒险作业”，并因而发生重大伤亡事故或者造成其他严重后果的，最高只可判 3 年；情节特别恶劣的，也顶多判 7 年。而《刑法修正案（六）》明确“强令工人违章冒险作业”是一种必须加重处罚的“重刑”规定，最高可判 5 年；情节特别恶劣的，可判 5 年以上，最高可判至 15 年。

这一修正，对当前的安全生产具有重要的保障作用。当前，在经济利益的驱动下，许多企业主为了尽快在短时间内获取最大的经济利益，常常在不具备安全生产条件，特别是不采取安全防护措施的情况下，强令工人违章冒险作业，如在煤矿井下开采时，不进行瓦斯检测，或在瓦斯检测超标、出现透水征兆等情况下，仍强令工人下井作业，从而造成瓦斯爆炸、透水等重大伤亡事故发生。将这种犯罪行为的最高刑期从 7 年提高至 15 年，处罚力度翻番，其产生的震慑力之大，必将使得企业主重视安全，改进工作，消除重金钱轻安全、重生产轻安全等不良思想，从而消除大量违章指挥行为，让生产、作业行为的安全得到良好的保障。

（二）《刑法修正案（六）》第二条解读

《刑法修正案（六）》第二条，即将《刑法》第一百三十五条修改为：“安全生产设施或者安全生产条件不符合国家规定，因而发生重大伤亡事故或者造成其他严重后果的，对直接负责的主管人员和其他直接责任人员，处三年以下有期徒刑或者拘役；情节特别恶劣的，处三年以上七年以下有期徒刑。”

修正前后发生的变化如下：

1. 犯罪主体构成范畴扩大

修正之前，犯罪主体是“工厂、矿山、林场、建筑企业或者其他企业、事业单位”的劳动安全设施不符合国家规定,经有关部门或者单位职工提出后,对事故隐患仍不采取措施,因而发生重大伤亡事故或者造成其他严重后果的“直接责任人员”。

修改后,将“工厂、矿山、林场、建筑企业或者其他企业、事业单位”这一限制性条件取消了,即任何生产、作业单位都可能构成本罪,犯罪主体的范围大大增加了。

2. 犯罪行为构成范围拓宽

《刑法修正案(六)》将原《刑法》的“劳动安全设施不符合国家规定”改成“安全生产设施或者安全生产条件不符合国家规定”,这一改动,可谓内容巨变、意义深远。

“劳动安全设施不符合国家规定”指的仅是保护劳动者安全的“硬件”,而“安全生产设施或者安全生产条件”既包括保障生产安全运行、保障劳动者生命安全的安全生产设施、危险物质等“硬件”,也包括保障生产安全运行、保障劳动者生命安全的规章制度、生产工艺等“软件”,约束范围大大增加,防范程度大大加强,因此,将在更大范围内对搞好安全生产起到强大的促进作用。

与此同时,原《刑法》在要求“劳动安全设施不符合国家规定”的基础之上,还要具有“经有关部门或者单位职工提出后,对事故隐患仍不采取措施”这种对不安全因素不作为的情况,才能被刑法处罚。而《刑法修正案(六)》将这一规定取消,只要“安全生产设施或者安全生产条件不符合国家规定”,因而发生重大伤亡事故或者造成其他严重后果,就构成本罪。这也使得构成本罪的行为范围进一步增加。

当前,这一刑法规定,能够有效消除企业不具备基本安全生产条件就冒险开工生产,以及采用淘汰、落后工艺、危险物质的现象。特别是《安全生产法》的颁布实施,使得此条规定操作更具体,效果将更加明显。

《安全生产法》第十六条规定:“生产经营单位应当具备本法和

有关法律、行政法规和国家标准或者行业标准规定的安全生产条件。不具备安全生产条件的，不得从事生产经营活动。”近些年来，有关执法部门对一些企业只顾赚钱，不顾安全，以至不具备基本的安全生产条件就冒险生产的行为，没有严格有效的办法加以查处。将“安全生产设施或者安全生产条件”上升到刑法的高度，用刑法来约束，就会抓住任何生产经营单位都必须“具备基本安全生产条件”这个牛鼻子，使得安全生产从源头上得到根本性保障。

3. 犯罪行为认定程序简化

修正之前，对“劳动安全设施不符合国家规定”的行为，还须附加“经有关部门或者单位职工提出后，对事故隐患仍不采取措施”情形，才能认定“因而发生重大伤亡事故或者造成其他严重后果”的行为触犯了刑法。现在，只要“安全生产设施或者安全生产条件不符合国家规定”，无须再加其他附加认定条件，即可判定“因而发生重大伤亡事故或者造成其他严重后果”的行为触犯了刑法。

4. 主管负责人的责任突出

修正之前，对本条犯罪的行为人处罚的是“直接责任人员”，而《刑法修正案（六）》则改为对“直接负责的主管人员和其他直接责任人员”进行处罚。

依照法学理论，本罪属于单位犯罪，也就是说，本罪是在单位集体意志下，以单位名义实施的危害社会的行为。对触犯本罪的，只需处罚直接负责的主管人员和其他直接责任人员。之所以如此，既符合当前实际，又实现了与《安全生产法》的有机衔接。

《安全生产法》第十八条规定：“生产经营单位应当具备的安全生产条件所必需的资金投入，由生产经营单位的决策机构、主要负责人或者个人经营的投资人予以保证，并对由于安全生产所必需的资金投入不足导致的后果承担责任。”

第八十条对相应的处罚作出了规定：“生产经营单位的决策机构、主要负责人、个人经营的投资人不依照本法规定保证安全生产所必需的资金投入,致使生产经营单位不具备安全生产条件的,责令限期改正,提供必需的资金;逾期未改正的,责令生产经营单位停产停业整顿。

有前款违法行为,导致发生生产安全事故,构成犯罪的,依照刑法有关规定追究刑事责任;尚不够刑事处罚的,对生产经营单位的主要负责人给予撤职处分,对个人经营的投资人处二万元以上二十万元以下的罚款。"

《刑法修正案(六)》对"生产经营单位的决策机构、主要负责人、个人经营的投资人不依照本法(《安全生产法》)规定保证安全生产所必需的资金投入,致使生产经营单位不具备安全生产条件,发生生产安全事故,构成犯罪的,依照刑法有关规定追究刑事责任"作出了刑法处罚的衔接,即重点对直接负责的主管人员进行刑事责任追究,同时,也追究其他直接责任人员的刑事责任。追究的力度是:处三年以下有期徒刑或者拘役;情节特别恶劣的,处三年以上七年以下有期徒刑。

(三)《刑法修正案(六)》第三条解读

《刑法修正案(六)》第三条,即在刑法第一百三十五条后增加一条,作为第一百三十五条之一:"举办大型群众性活动违反安全管理规定,因而发生重大伤亡事故或者造成其他严重后果的,对直接负责的主管人员和其他直接责任人员,处三年以下有期徒刑或者拘役;情节特别恶劣的,处三年以上七年以下有期徒刑。"

对此新增条款,有以下理解:

1.明确犯罪主体

该条没有明文说出犯罪的主体,但是,可以看出,举办大型群众性活动的主办单位、组织单位、承办单位,甚至参加单位,以及各方人员等都可能成为本罪的犯罪主体。当然,直接负责的主管人员无论如何也是难逃干系的。

如,对于一次室内大型文艺会演,举办方考虑不周,不向承办单位提出要制定应急预案的要求；承办单位知道应急预案，但没有按应急预案备足相应的灭火器、应急灯等应急器材；现场组织人员知道如何进行应急操作，但是，事发之时，却脱岗串岗，甚至见险不救；参与单位或个人在险情到来之时，不听专业人员指挥，私自行动等。这些行为，只要造成了重大伤亡事故或者其他严重后果，相关的主要负责人、直接责任人都可能成为犯罪对象。主管人员是无论如何也难逃干系，要通过刑法最大限度地使直接负责的人员担负起保障大型群众性活动的安全责任。

2.犯罪行为构成

此条规定，构成本罪的违法行为是举办大型群众性活动"违反安全管理规定"，这里是"安全管理规定"，而非"国家安全管理规定"。也就是说，这里不仅包括《消防法》等法规明确的国家安全管理规定，也包括主办单位根据具体情况牵头组织制定的可能内容各异的安全管理规定，但是，只要是有效的，就应遵守。违反了，并造成重大伤亡事故或者其他严重后果的，对直接负责的主管人员和其他直接责任人员，就要处三年以下有期徒刑或者拘役；情节特别恶劣的，处三年以上七年以下有期徒刑。

3.犯罪认定程序

犯罪认定程序主要有4个：一是举办的群众性活动是大型的；二是举办活动过程中，有违反安全管理规定的行为；三是违反安全管理规定的行为，导致了"重大伤亡事故或者造成其他严重后果"；四是情节严重。

4.在主观上本罪应该是过失犯罪

《刑法》第十五条规定：应当预见自己的行为可能发生危害社会的结果，因为疏忽大意而没有预见，或者已经预见而轻信能够避免，以致发生这种结果的，是过失犯罪。

行为人特别是举办群众性大型活动的主要负责人，对活动可能产生的重大后果要有所预见，制订周密的安全管理规定，采取相应的防范应急措施,并进行严格的审批。如果不去进行预想,不去制订安全管理规定,采取相应的措施,发生了重大伤亡事故,辩解说“对可能的后果和相应的安全知识一无所知”,想以此逃避打击,是行不通的。无论是“真糊涂”,还是“装糊涂”,都必将受到法律的严惩。

(四)《刑法修正案(六)》第四条解读

《刑法修正案(六)》第四条,即在刑法第一百三十九条后增加一条,作为第一百三十九条之一:“在安全事故发生后,负有报告职责的人员不报或者谎报事故情况,贻误事故抢救,情节严重的,处三年以下有期徒刑或者拘役;情节特别严重的,处三年以上七年以下有期徒刑。”

对此,应从以下方面进行理解:

1. 犯罪主体

本罪的犯罪主体是“负有报告职责的人员”,具体有哪些呢?对此,《安全生产法》第七十条、第七十一条有明确的规定:

第七十条 生产经营单位发生生产安全事故后,事故现场有关人员应当立即报告本单位负责人。

单位负责人接到事故报告后,应当迅速采取有效措施,组织抢救,防止事故扩大,减少人员伤亡和财产损失,并按照国家有关规定立即如实报告当地负有安全生产监督管理职责的部门,不得隐瞒不报、谎报或者拖延不报,不得故意破坏事故现场、毁灭有关证据。

第七十一条 负有安全生产监督管理职责的部门接到事故报告后,应当立即按照国家有关规定上报事故情况。负有安全生产监督管理职责的部门和有关地方人民政府对事故情况不得隐瞒不报、谎报或者拖延不报。

由此,不难确定,负有报告职责的人,包括现场人员、事故单位负责人、安全监管部门、有关地方人民政府。

对于举办大型群众性集体活动,事业单位、个体工商户等经济组织作业中发生的事故，也应自现场人员逐级上报。

2.犯罪行为构成

构成本罪的犯罪行为是负有报告职责的人员“不报或者谎报事故情况，贻误事故抢救”。同时，情节严重，情节特别严重的就更不用说了。

要特别注意，这里只讲“贻误事故抢救”，但是，并没有讲“贻误事故抢救”造成的后果是轻是重。这里面强调的一个重要思想就是：发生事故，必须立即如实逐级上报，以便有关各方迅速采取有效措施，组织抢救，防止事故扩大，减少人员伤亡和财产损失。因此，发生事故，造成重大伤亡事故或其他严重后果，只是“情节严重、情节特别严重”的一个方面，而其中是否及时、是否如实、失真程度等都可能是“情节严重、情节特别严重”的重要决定因素。对此，必须有足够的认识，不要妄想从该条没有明确不报或者谎报造成的后果而钻法律的空子。

3.犯罪行为认定程序

犯罪认定程序主要有5个：一是特定安全事故发生之后，而非其他自然灾害、治安事件等，但是由于自然灾害、治安事件等引发的安全事故包括在内；二是负有报告职责的人员不报或谎报事故；三是负有报告职责的人员是故意的；四是贻误事故抢救；五是情节严重。

4.行为人在主观上是故意的

负有报告职责的人员在主观上是故意的，这一点必须明确。但是，对理应知道发生事故须及时如实上报而不知道的情形，也在此列之中，不能以“不知道有此规定”而逃避刑法的处罚。

第五节 学习《刑法修正案(六)》常见问题

一、《刑法修正案(六)》约束的犯罪主体有何变化?

《刑法修正案(六)》对犯罪主体作了重大调整。

(1)《刑法修正案(六)》对原刑法中带有限制条件的特定犯罪主体进行了取消条件限制的一般化处理,使得犯罪主体范围扩大。如对刑事法第一百三十四条的修改,原来的犯罪主体为“工厂、矿山、林场、建筑企业或者其他企业、事业单位的职工”,而现在取消了行业、身份的限制,只要是在生产、作业过程中,任何人违反有关安全管理的规定,并因而发生重大伤亡事故或者造成其他严重后果,都要受到刑法的追究。

同样的改动也体现在刑法第一百三十五条。《刑法修正案(六)》规定,只要是安全生产设施或安全生产条件不符合国家规定而引发重大伤亡事故的,刑法都将追究其直接责任人或主管人员的责任。犯罪主体不再局限在工厂、矿山、林场、建筑企业或者其他企业、事业单位。

(2)增加了举办大型群众性集体活动,由于违反安全管理规定,发生重大伤亡事故或造成其他严重后果、不报或谎报事故等刑法规定,使相关的行为人成为新的刑法处罚对象。

二、“生产”与“作业”有何不同?

《刑法修正案(六)》中“在生产、作业中违反有关安全管理的规定,……”,此处将“生产”、“作业”单列开来,如何理解呢?

这里的“生产”与“作业”,既有交叉,又有侧重。具体关系如下:

(1)生产侧重于宏观管理,既包括生产主体对事故风险和伤害因素所进行的识别、评价和控制等企业生产经营活动中的日常安全管理行为,也包括政府安全许可、监管监察行政执法、救灾善后以及安全生产法制建设、科学研究、宣教培训、认可认证、工伤保险等方面的活动。

(2)作业侧重于微观操作,既包括企业生产经营活动过程中具体的岗位操作,又包括事业单位、公共活动场所对电梯、灯具等的安装、检查、维修等具体作业。

(3)在企业的生产经营活动中,"生产"与"作业"是有机统一的,即生产经营活动由一系列有序的作业行为组成,因此,一般而言,对生产经营企业常说"安全作业",而不将"生产"与"作业"分开来讲。如果仅依此理解《刑法修正案(六)》"在生产、作业中违反有关安全管理的规定,……",容易产生"条文有误"的错觉,甚至可能错误地认为《刑法修正案(六)》约束的对象只是"生产单位",比《安全生产法》约束的对象"生产经营单位"还要少。这样,对贯彻实施刑法修正案是非常有害的。

(4)同时,应特别明确,对此处的"作业"理解得要具体,既包括生产经营单位的各种生产作业行为,也包括企事业单位、公共活动场所、个体工商户等一切非生产性单位的日常防火管理、电气检修、应急处置等种类不一的"作业"。这些非生产性"作业",只要违反了有关安全管理规定,并造成重大伤亡事故或者造成其他严重后果,就要受到刑法的制裁。这就把安全从以生产安全为主,推进到了社会生活的各个领域,对于实现全社会的安全,从更为广泛的角度保障人民群众的生命财产安全,构建和谐社会,进行了严格的刑法约束。

三、"有关安全管理的规定"、"安全管理规定"与"国家规定"有何不同?

《刑法修正案(六)》对刑法第一百三十四条规定修正后的违法前置条件之一是:在生产、作业中违反"有关安全管理的规定"。

对刑法第一百三十五条规定修正后的违法前置条件则有两点:一是安全生产设施或者安全生产条件不符合“国家规定”;二是举办大型群众性活动违反“安全管理规定”。那么,“有关安全管理的规定”、“国家规定”、“安全管理规定”有何不同呢?

《刑法修正案(六)》中的“有关安全管理的规定”、“安全管理规定”都是泛指,既包括有关国家法律、法规、标准等规定,也包括企业、事业、公共场所等单位的安全管理规定。其约束的对象,不仅包括各类单位的主要负责人、有关主管人员,也包括各类单位的一般从业人员。

而此处的“国家规定”是特指,即有关国家法律、法规、规章及国家标准和行业标准等,不包括企业、事业单位等自行制定的规章制度、企业标准等。其约束对象主要是生产经营单位的从法人代表到普通员工的所有从业人员。

四、“重大伤亡事故”具体死亡、受伤人数是多少?

刑法第一百三十四条、第一百三十五条规定的“重大伤亡事故或者其他严重后果”中的重大伤亡事故的具体的伤亡人数是多少呢?

根据《最高人民法院、最高人民检察院关于办理危害矿山生产安全刑事案件具体应用法律若干问题的解释》,处理危害矿山生产安全刑事案件时,对重大伤亡事故的范畴确定为造成死亡一人以上,或者重伤三人以上的事故。

五、遇到“政策打架”问题怎么办?

由于机构变换、职能交叉等原因,现在政策打架的现象比较多,像上述关于重大伤亡事故和重大死亡事故的标准、行业规定等就有诸多不同之处,这些问题有的可能会消除,但还可能有新的类似问题出现,那么,遇到“政策打架”问题怎么办呢?

这就必须了解法律层级及其效力。

法的层级不同，其法律地位和效力也不同。上位法的效力要高于下位法的效力；在同一层级上，特殊法优于普通法。

上位法是指法律地位、法律效力高于其他相关法的法律。

下位法则是相对于上位法而言，法律地位、法律效力低于相关上位法的法律。

如宪法与《安全生产法》，宪法就是上位法，《安全生产法》是下位法，宪法的效力就要高于《安全生产法》。

宪法具有最高的法律效力，一切法律、行政法规、地方性法规、自治条例和单行条例、规章都不得同宪法相抵触。

法律的效力高于行政法规、地方性法规、规章。全国人民代表大会常务委员会的法律解释同法律具有同等效力。

行政法规的效力高于地方性法规、规章。

地方性法规的效力高于本级和下级地方政府规章。

省、自治区的人民政府制定的规章的效力高于本行政区域内的较大的市的人民政府制定的规章。

自治条例和单行条例依法对法律、行政法规、地方性法规作变通规定的，在本自治地方适用自治条例和单行条例的规定。

经济特区法规根据授权对法律、行政法规、地方性法规作变通规定的，在本经济特区适用经济特区法规的规定。

部门规章之间、部门规章与地方政府规章之间具有同等效力，在各自的权限范围内施行。

同一机关制定的法律、行政法规、地方性法规、自治条例和单行条例、规章，特别规定与一般规定不一致的，适用特别规定；新的规定与旧的规定不一致的，适用新的规定。

普通法是指适用于某领域中普遍存在的基本问题、共性问题的法律规范。如《安全生产法》就是安全领域中的普通法。

特殊法是相对于普通法而言，适用于该领域中存在的特殊性、专业性问题的法律规范,它们比普通法更具专业性、具体性、可操作性。如《消防法》就是安全生产领域中的特殊法,如遇到消防问题时,《消防法》效力就高于《安全生产法》。

我国法的效力层级示意图见图1-1。

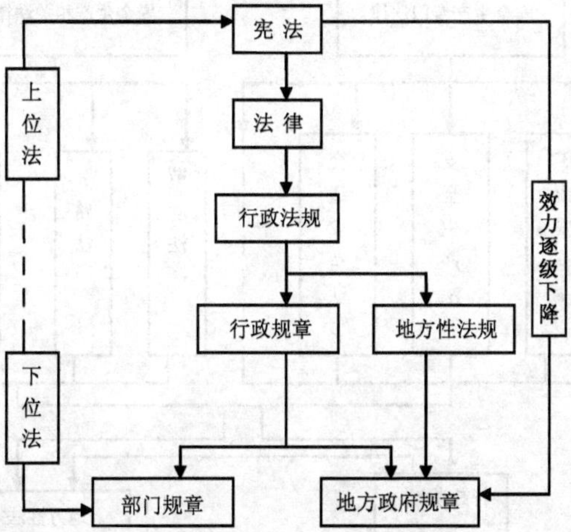

图1-1 法的效力层级关系

根据上述法不同层级的效力,就可以对有关安全生产的法律效力进行比较判断。我国当前安全生产法律体系框架图见图1-2。

无论是现行政策"打架",还是将来法律、法规、标准进行了统一,对于"重大伤亡事故"或"其他严重后果"等情形的判定,都应根据下位法服从上位法、普通法服从特殊法的原则进行界定。依法处罚,依法维权。

六、如何理解"其他严重后果"?

刑法第一百三十四条、第一百三十五条规定的"重大伤亡事故或者其他严重后果"中,"其他严重后果"有哪些呢?

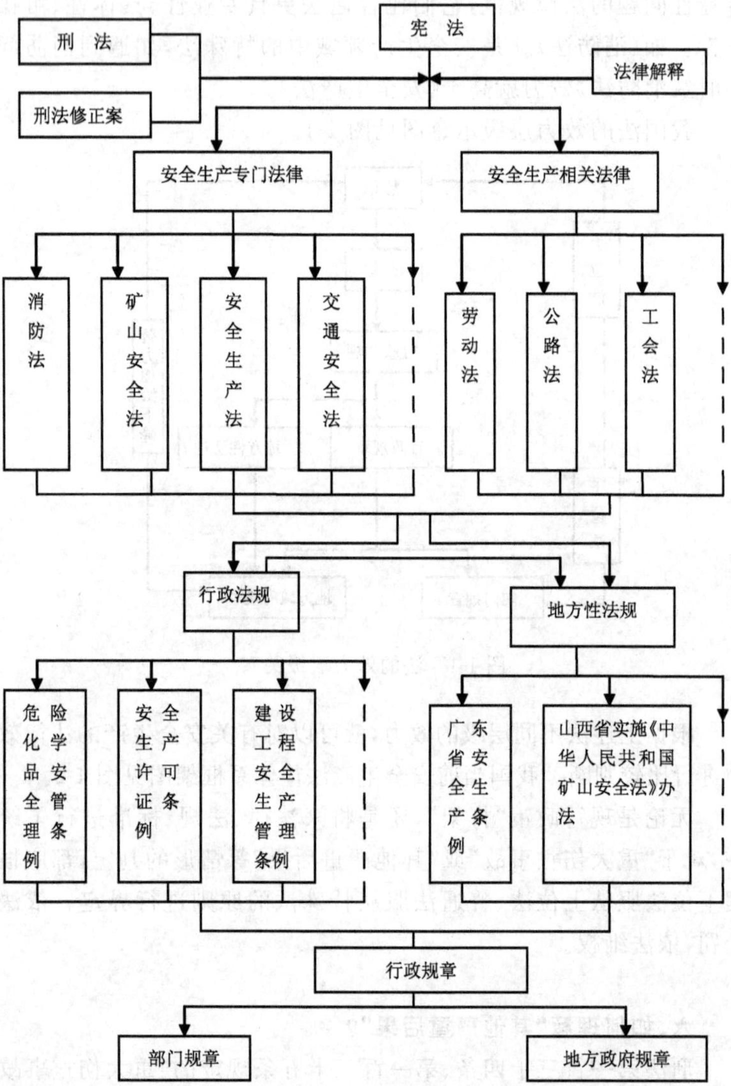

图 1-2 安全生产法律体系框架图

根据《最高人民法院、最高人民检察院关于办理危害矿山生产安全刑事案件具体应用法律若干问题的解释》,处理危害矿山生产安全刑事案件时,“其他严重后果”主要是指造成直接经济损失一百万元以上及造成其他严重后果的情形。

七、受刑罚的“直接负责的主管人员和其他直接责任人员”包括哪些人?

《刑法修正案(六)》对刑法第一百三十五条修正为:“安全生产设施或者安全生产条件不符合国家规定,因而发生重大伤亡事故或者造成其他严重后果的,对直接负责的主管人员和其他直接责任人员,处三年以下有期徒刑或者拘役;情节特别恶劣的,处三年以上七年以下有期徒刑”。

此处的“直接负责的主管人员和其他直接责任人员”,刑法并没有明确,只是根据《最高人民法院、最高人民检察院关于办理危害矿山生产安全刑事案件具体应用法律若干问题的解释》,处理危害矿山生产安全刑事案件时,“直接负责的主管人员和其他直接责任人员”,是指对矿山安全生产设施或者安全生产条件不符合国家规定负有直接责任的矿山生产经营单位负责人、管理人员、实际控制人、投资人,以及对安全生产设施或者安全生产条件负有管理、维护职责的电工、瓦斯检查工等人员。其他行业,可参照执行。

从一般的安全法规理论上讲,这种提法并不科学。因为法律的公平性应该体现在按责论罪,责任大重处,责任小,则轻处。众所周知,直接责任者并不一定是主要责任者。因此,谁负有责任,谁应受到处罚;谁承担主要责任,而不是直接责任,谁应当受到最严厉的惩罚。

但是,此处的“直接负责的主管人员和其他直接责任人员”是专门的法律术语,具有与其他刑法内容表述的统一性,此处可简单理解为其行为构成了事故发生的直接原因的人员。因此,就实际操作而言，应注意准确理解，特别是不能将直接责任等同于主要责任。

1. 直接负责的主管人员

此处提到“直接负责的主管人员”并未明确是“负有责任的”“直接负责的主管人员”，也就是说无论负责“安全生产设施或者安全生产条件”的主管人员对事故的发生有无责任，直接负责的主管人员，都要受到法律的严惩。这个直接负责的主管人员，可是是集团公司领导，也可能是分公司领导，也可能是分公司所属的分厂、车间领导。

2. 直接责任者不等同于主要责任者

根据《企业职工伤亡事故调查分析规则》(GB 6442－1986)，对事故责任的分析程序如下：

(1)根据事故调查所确认的事实，通过对直接原因和间接原因的分析，确定事故中的直接责任者和领导责任者。

直接责任者是指其行为与事故的发生有直接关系的人员。

领导责任者是指对事故的发生负有领导责任的人员。

(2)在直接责任者和领导责任者中，根据其在事故发生过程中的作用，确定主要责任者。

主要责任者是指对事故的发生起主要作用的人员。

(3)根据事故后果和事故责任者应负的责任提出处理意见。

据此，不难看出，直接责任者并不等于主要责任者。如果将直接责任者等同于主要责任者，那就会失去法律的公正性，让一些真正应当受到法律严惩的主要责任者逃脱法律的制裁。

八、如何正确理解“情节特别严重”?

根据《最高人民法院、最高人民检察院关于办理危害矿山生产安全刑事案件具体应用法律若干问题的解释》第四条规定，发生矿山生产安全事故，具有下列情形之一的，应当认定为刑法第一百三十九条之一规定的"情节特别严重"：

(一)导致事故后果扩大,增加死亡三人以上,或者增加重伤十人以上,或者增加直接经济损失三百万元以上的；

(二)采用暴力、胁迫、命令等方式阻止他人报告事故情况导致事故后果扩大的；

(三)其他特别严重的情节。

其他行业的安全生产案件可参照执行。

九、"处五年以上有期徒刑"的最高刑期为何是十五年?

《刑法修正案(六)》对刑法第一百三十四条修正后的规定是："强令他人违章冒险作业,因而发生重大伤亡事故或者造成其他严重后果的,处五年以下有期徒刑或者拘役;情节特别恶劣的,处五年以上有期徒刑。"

"处五年以上有期徒刑",具体刑期有无上限?上限是多少呢?一般的安全管理人员大多对刑法并不通晓,可能有不少人认为可以十年、二十年,甚至是无期徒刑。

对此,应该知道,《刑法修正案(六)》对事故责任人的刑罚最重为有期徒刑。然后,要知道何为有期徒刑,有期徒刑与无期徒刑有何不同。

《刑法》第四十五条　有期徒刑的期限,除本法第五十条、第六十九条规定外,为六个月以上十五年以下。

《刑法》第五十条　判处死刑缓期执行的,在死刑缓期执行期间,如果没有故意犯罪,二年期满以后,减为无期徒刑;如果确有重大立功表现,二年期满以后,减为十五年以上二十年以下有期徒刑;如果故意犯罪,查证属实的,由最高人民法院核准,执行死刑。

《刑法》第六十九条　判决宣告以前一人犯数罪的,除判处死刑和无期徒刑的以外,应当在总和刑期以下、数刑中最高刑期以上,酌情决定执行的刑期,但是管制最高不能超过三年,拘役最高不能超过一年，有期徒刑最高不能超过二十年。

如果数罪中有判处附加刑的，附加刑仍须执行。

据此可知，《刑法修正案(六)》对安全违法犯罪行为，最高刑期从此前的最高刑期七年，提高至最多判处十五年有期徒刑，刑罚幅度大大提高，处罚力度大大加重。

十、如何组织大型群众性集体活动？

随着改革开放的深入及市场经济的发展，全国各地举办大型集会、焰火晚会、灯会等群众性的活动越来越多，这些活动的举行，是国家政治稳定、经济繁荣、祥和昌盛的象征，是人民群众安居乐业、生活水平不断提高的体现。由于这些活动往往具有火灾危险性，人员聚集，消防安全工作极为重要，稍有疏忽就会引起火灾事故。而一旦发生火灾事故，极易造成众多的人员伤亡及不良的政治影响。因此，对这类活动的消防安全必须严格要求和管理。

《中华人民共和国消防法》第二十条规定：举办大型群众性活动，承办人应当依法向公安机关申请安全许可，制定灭火和应急疏散预案并组织演练，明确消防安全责任分工，确定消防安全管理人员，保持消防设施和消防器材配置齐全、完好有效，保证疏散通道、安全出口、疏散指示标志、应急照明和消防车通道符合消防技术标准和管理规定。

因此，举办大型焰火晚会、灯会等群众性活动，特别是一旦发生火灾等可能造成较大人员伤亡的群众性活动，须事先向公安消防机构申报，并履行相应的安全职责。

主办单位应当履行的消防安全职责是：

(1) 制定灭火和应急疏散预案。该预案的内容应当包括组织领导机构，各级各岗位人员职责，灭火措施，疏散路线、出口，应急措施等。

(2)认真落实消防安全措施。如检查电气线路情况、易燃易爆危险物品情况,配置必要的消防器材,加强火源电源管理,保障疏散通道、安全出口的畅通,控制活动人员总量等。

(3)在举办活动前向当地公安消防机构申报,经公安消防机构对活动场所进行消防安全检查合格后,方可举办。申报一般应包括主办单位的名称、地址、负责人,活动的时间、内容、地点,灭火和应急疏散预案,采取的消防安全措施等。

(4)对公安消防机构提出的整改意见,应当负责落实,确保安全。

当地公安消防机构对主办单位申报的这些群众性活动,应督促主办单位将消防安全工作纳入活动的总体方案之中,及时了解活动内容、范围、时间、人员、场地情况,在地点选择、电气线路的架设及消防设施的配置等方面,要按照有关消防法规和工程建筑消防技术标准严格把关。对活动场所进行消防安全监督检查时,应把消除火灾、爆炸隐患作为重点,在重大活动前,必须对活动场地的水源情况、安全通道、电气设备、消防设施以及其他不安全因素进行检查。有些重大活动还要派出消防干警及车辆现场执勤,以确保安全。

但是,也有一些大型群众性活动,没有火灾危险性,但可能发生踩踏、淹溺、冻死、中暑等事故,如集体庆典、龙船赛、朝圣等,对此,国家、地方政府等有相关安全管理规定的,按照相关规定执行;没有相关规定的,也要自行制定安全管理规定,做到事故有预想、问题有措施、措施能落实,真正防患于未然,保障广大民众的生命安全。

十一、"不报"可以比"谎报"处罚得轻一些吗?

《刑法修正案(六)》对刑法第一百三十九条增加了这一规定:"在安全事故发生后,负有报告职责的人员不报或谎报事故情况,贻误事故抢救,情节严重的,处三年以下有期徒刑或者拘役;情节特别严重的，处三年以上七年以下有期徒刑。”

这是我国刑法首次对不报或谎报事故行为进行明确的刑事追究。此前，基本参照《刑法》第三百九十七条执行。

有人认为，“不报”应比“谎报”处罚得要轻。因为，“不报”肯定会延误抢救，使事故扩大恶化；而“谎报”，可能会在很大程度上延误事故抢救，但至少承认了事故的发生，而且，一般情况下，也会进行一些有效的抢救。因此，理应受到较轻的处罚。但是，这是不对的。

这里的“不报”与“谎报”应与《安全生产法》的相关条款进行对应。《安全生产法》规定：发生事故，不能隐瞒不报、谎报或者拖延不报，构成犯罪的，依照刑法有关规定追究刑事责任。因此，这里的“不报”包括隐瞒不报与拖延不报等情形，与谎报性质一样，都是一种故意掩盖、歪曲事故真相的犯罪行为。有些谎报与不报，从事故抢救的效果上讲，并无二致。如一个煤矿死亡五六十人，如果只上报死亡一两个人，则将完全由矿上自主处理，国家就不会动用专业力量强大的矿山救援队伍，这与发生事故不报的抢险处理效果并无二样。

因此，不报并不比谎报受到的处罚要轻，只要贻误事故抢救，情节严重的，就要处三年以下有期徒刑或者拘役；情节特别严重的，就要处三年以上七年以下有期徒刑。

十二、可能负有“不报与谎报”刑法责任的有哪些人？

对于发生事故，由谁上报，《安全生产法》、《消防法》、《生产安全事故报告和调查处理条例》等都作了相关规定：

（一）《安全生产法》的相关规定

第七十条　生产经营单位发生生产安全事故后，事故现场有关人员应当立即报告本单位负责人。

单位负责人接到事故报告后，应当迅速采取有效措施，组织抢救,防止事故扩大,减少人员伤亡和财产损失,并按照国家有关规定立即如实报告当地负有安全生产监督管理职责的部门,不得隐瞒不报、谎报或者拖延不报,不得故意破坏事故现场、毁灭有关证据。

第七十一条 负有安全生产监督管理职责的部门接到事故报告后,应当立即按照国家有关规定上报事故情况。负有安全生产监督管理职责的部门和有关地方人民政府对事故情况不得隐瞒不报、谎报或者拖延不报。

(二)《消防法》的相关规定

第五条 任何单位和个人都有维护消防安全、保护消防设施、预防火灾、报告火警的义务。任何单位和成年人都有参加有组织的灭火工作的义务。

(三)《生产安全事故报告和调查处理条例》的相关规定

第九条 事故发生后,事故现场有关人员应当立即向本单位负责人报告;单位负责人接到报告后,应当于1小时内向事故发生地县级以上人民政府安全生产监督管理部门和负有安全生产监督管理职责的有关部门报告。

情况紧急时,事故现场有关人员可以直接向事故发生地县级以上人民政府安全生产监督管理部门和负有安全生产监督管理职责的有关部门报告。

第十条 安全生产监督管理部门和负有安全生产监督管理职责的有关部门接到事故报告后,应当依照下列规定上报事故情况,并通知公安机关、劳动保障行政部门、工会和人民检察院:

(一)特别重大事故、重大事故逐级上报至国务院安全生产监督管理部门和负有安全生产监督管理职责的有关部门;

(二)较大事故逐级上报至省、自治区、直辖市人民政府安全生产监督管理部门和负有安全生产监督管理职责的有关部门;

（三）一般事故上报至设区的市级人民政府安全生产监督管理部门和负有安全生产监督管理职责的有关部门。

安全生产监督管理部门和负有安全生产监督管理职责的有关部门依照前款规定上报事故情况，应当同时报告本级人民政府。国务院安全生产监督管理部门和负有安全生产监督管理职责的有关部门以及省级人民政府接到发生特别重大事故、重大事故的报告后，应当立即报告国务院。

必要时，安全生产监督管理部门和负有安全生产监督管理职责的有关部门可以越级上报事故情况。

第十一条　安全生产监督管理部门和负有安全生产监督管理职责的有关部门逐级上报事故情况，每级上报的时间不得超过2小时。

由此，不难确定，负有报告职责的人，包括现场有关人员、事故单位负责人、安全生产监督管理部门、有关地方人民政府。因此，发生事故，不报与谎报的约束对象，应包括4个层次：

一是事故现场有关人员发现事故，应及时直接或逐级上报；

二是事故单位的有关负责人逐级向企业上级管理部门和地方有关部门报告；

三是有关安全生产监督管理部门逐级向上报告；

四是有关地方人民政府逐级向上报告。

因此，事故报告既不能理解为只是现场操作人员的事，也不能理解为是事故单位的负责人、安全监管部门的事，而忽略有关地方人民政府的责任。

十三、中介组织也会触犯刑法吗？

近些年来，随着安全管理的科学化、规范化，安全评价、安全认证等中介组织应运而生，并迅速发展，为安全生产作出了积极的贡献。随着政府体制的改革，还会出现注册安全工程师事务所、安全咨询等新型中介组织,使中介组织逐步成为安全生产不可或缺的重要力量。但是,许多人认为中介组织是游离于政府、企业之外的第三方力量,出了问题,譬如提供虚假资料,顶多是被公开曝光、罚点款,没什么大不了,最严重的情况,也就是被取消资质,停止营业而已,决不会触犯刑法。这两年,许多安全评价机构,因为提供虚假资料、工作不认真而被公开曝光,甚至被取消资质,似乎也用事实验证了这些想法。但是,这是一种非常错误的思想。

刑法第二百二十九条规定:“承担资产评估、验资、验证、会计、审计、法律服务等职责的中介组织的人员故意提供虚假证明文件,情节严重的,处五年以下有期徒刑或者拘役,并处罚金。

前款规定的人员,索取他人财物或者非法收受他人财物,犯前款罪的,处五年以上十年以下有期徒刑,并处罚金。

第一款规定的人员,严重不负责任,出具的证明文件有重大失实,造成严重后果的,处三年以下有期徒刑或者拘役,并处或者单处罚金。”

上述刑法规定,没有明确列出安全培训、咨询、评价、检测、检验等中介组织,原因大致有二:一是在1997年刑法修订之时,安全评价、安全咨询等中介组织尚未出现;二是安全培训、检测、检验等机构虽然已经出现,而大多是计划经济体制下的国有企事业单位,不具备中介机构的职能,同时,数量较少,在社会上远未普及,没有形成一定的规模。但是,这并不能认为安全中介机构可免受刑法的约束。任何中介机构都必须清醒地认识到这一点。

随着相关法规的迅速完善,特别是在当前安全生产形势严峻的形势下,承担安全培训、咨询、评价、检测、检验等中介组织大量出现,这些中介组织在相当程度上承担着隐患评估与防范对策制定,从而有效实现防范事故发生的重要任务,无论从规模上讲,还是从承担任务的重要性上讲,已经成为当前抓好安全生产的重要力量。规范安全中介机构管理,已经成为当务之急,必须提到重要的议事日程上来。

因此，中介机构的刑法责任不可回避，同时，从刑事责任追究上，也是有据可依，操作明确的。任何中介机构都须恪守职业道德，严守执业准则，科学严谨，诚实守信，坚决杜绝利欲熏心，索取财物、提供虚假资料等不法行为。若违法造成严重后果，必将受到刑法的严惩。

第六节　常见触犯刑法的安全违法行为

一、生产经营单位常见触犯刑法的安全违法行为

(一)主要负责人常见触犯刑法的安全违法行为

1. 本单位安全生产责任制未建立、健全；
2. 本单位安全生产规章制度和操作规程没有或不健全；
3. 保证本单位安全生产的投入不到位；
4. 安全机构不健全，人员不到位；
5. 应办安全生产许可证未办理；
6. 未认真督促、检查本单位的安全生产工作，从而未能及时消除生产安全事故隐患；
7. 违章指挥，特别是强令工人违章冒险作业；
8. 未对员工进行安全教育培训，特别是特殊工种未能做到持证上岗；
9. 未配备法定的安全设施；
10. 本单位不具备基本的安全生产条件而冒险组织生产；
11. 未组织制定并实施本单位的生产安全事故应急救援预案；
12. 将生产经营项目、场所、设备发包或者出租给不具备安全生产条件或者相应资质的单位或者个人；
13. 降低工程质量标准，造成重大安全事故；

14. 违反消防管理法规，而且拒不执行消防机构提出的改正措施；

15. 未及时、如实报告生产安全事故；

16. 其他。

(二)安全生产监督管理人员常见触犯刑法的安全违法行为

1. 安全管理规定不健全，甚至出现错误；

2. 安全教育培训不落实，特别是对新工人入厂教育、特殊工种教育；

3. 有关上级文件、指示、精神等未及时传达，有关工作部署不落实；

4. 安全检查走过场，应发现的问题没发现；

5. 发现隐患，能及时整改的不督促及时整改，一时不能整改的，未采取有效监控措施；

6. 在日常管理中，违章指挥；

7. 对动火、进入有限空间等特殊作业，安全措施审查不周密，违章指挥或违章操作；

8. 劳动保护防护用品、应急救援器材配备不当；

9. 发生事故，不及时、如实上报，组织抢救不力；

10. 其他。

(三)一般从业人员常见触犯刑法的安全违法行为

1. 在作业过程中，违反本单位的安全生产规章制度和操作规程；

2. 不服从管理，不正确佩戴和使用劳动防护用品；

3. 不接受安全生产教育和培训，没有掌握本职工作所需的安全生产知识和安全生产技能；

4. 发现事故隐患或者其他不安全因素，不立即向现场安全生产管理人员或者本单位负责人报告；

5.发生事故,不立即上报,及时处置;

6.其他。

二、事业单位常见触犯刑法的安全违法行为

(一)主要负责人常见触犯刑法的安全违法行为

1.本单位安全生产责任制未建立、健全;

2.本单位安全生产规章制度和操作规程未制定或不健全;

3.保证本单位安全生产的投入不到位;

4.安全机构不健全,人员不到位;

5.未认真督促、检查本单位的安全生产工作,从而未能及时消除生产安全事故隐患;

6.违章指挥,特别是强令工人违章冒险作业;

7.未对员工进行安全教育培训,特别是特殊工种未能做到持证上岗;

8.未配备法定的安全设施;

9.违反消防管理法规,而且拒不执行消防机构提出的改正措施;

10.未及时、如实报告作业事故;

11.其他。

(二)安全生产监督管理人员常见触犯刑法的安全违法行为

1.本单位安全生产责任制未建立、健全;

2.本单位安全生产规章制度和操作规程没有或不健全,甚至出现错误;

3.安全教育培训不落实,特别是特殊工种教育;

4.有关上级文件、指示、精神等未及时传达,有关工作部署不落实;

5.安全检查走过场,应发现的问题未发现;

6.发现隐患,能及时整改的不督促及时整改,一时不能整改的,未采取有效监控措施;

7.在日常管理中,违章指挥;

8.对动火、动电等特殊作业,安全措施审查不周密,违章指挥或违章操作;

9.劳动保护防护用品、应急救援器材配备、验收不当;

10.发生事故,不及时、如实上报,组织抢救不力;

11.其他。

(三)作业人员常见触犯刑法的安全违法行为

1.在作业过程中,违反本单位的安全生产规章制度和操作规程;

2.不服从管理,不正确佩戴和使用劳动防护用品;

3.不接受安全生产教育和培训,没有掌握本职工作所需的安全作业知识和安全作业技能;

4.发现事故隐患或者其他不安全因素,不立即向现场安全生产管理人员或者本单位负责人报告;

5.发生事故,不立即上报,违规处置;

6.其他。

三、个体工商户、个体包工头常见触犯刑法的安全违法行为

(一)主要负责人常见触犯刑法的安全违法行为

1.本单位安全生产责任制未建立、健全;

2.本单位安全生产规章制度和操作规程未制定或不健全;

3.保证本单位安全生产的投入不到位;

4.未配备法定的安全设施;

5.应办安全生产许可证未办理;

6.未认真督促、检查本单位的安全生产工作,从而未能及时消

除生产安全事故隐患；

7. 违章指挥，特别是强令工人违章冒险作业；

8. 未对员工进行安全教育培训，特别是特殊工种未能做到持证上岗；

9. 本单位不具备基本的安全生产条件而冒险组织生产；

10. 未组织制定并实施本单位的生产安全事故应急救援措施；

11. 未及时、如实报告生产安全事故；

12. 其他。

(二)从业人员常见触犯刑法的安全违法行为

1. 在作业过程中，违反本单位的安全生产规章制度和操作规程；

2. 不服从管理，不正确佩戴和使用劳动防护用品；

3. 不接受安全生产教育和培训，没有掌握本职工作所需的安全作业知识和安全作业技能；

4. 发现事故隐患或者其他不安全因素，不立即向本单位负责人报告；

5. 发生事故，不立即上报，违规处置；

6. 其他。

四、举办大型群众性集体活动常见触犯刑法的安全违法行为

(一)主要负责人常见触犯刑法的安全违法行为

1. 不向公安、消防等部门进行活动报告审批；

2. 不进行事故预想，不制定应对可能发生的事故应急处置方案；

3. 有关的设备配备、人员安排不到位；

4. 发生事故，不及时如实上报；

5. 发生事故，不及时组织抢救；

6.其他。

(二)工作人员常见触犯刑法的安全违法行为

1.脱岗串岗;

2.发现险情,不及时处理;

3.发生事故,不及时如实上报;

4.处理险情,违反有关管理规定;

5.其他。

(三)活动参与人员

1.违反活动安全管理规定,擅自吸烟、乱动有关安全设施等;

2.遇到险情,不听从工作人员指挥,私自乱动,不顾后果,严重扰乱活动秩序;

3.其他。

五、政府安全监督管理部门常见触犯刑法的安全违法行为

1.安全监督检查不力,如对企业安全生产设施或安全生产条件不符合国家规定的情况严重失察;

2.违规发放安全生产许可证;

3.对重大危险源组织治理不力;

4.在抢险救灾等情况下,强令工人违章冒险作业;

5.发生事故不及时如实上报;

6.其他失职、渎职行为。

六、政府公安消防部门常见触犯刑法的安全违法行为

1.对举办大型群众性集体活动单位申报的活动,不予审批,或把关不严;

2.不能督促举办单位将消防安全工作纳入活动的总体方案之中;

3.不及时了解活动内容、范围、时间、人员、场地情况，在地点选择、电气线路的架设及消防设施的配置等是否符合有关消防法规和工程建筑消防技术标准把关不严；

4.现场安全检查不力，应发现的隐患没有发现；

5.特殊的应急器材如消防车值勤不到位；

6.其他失职、渎职行为。

七、有关地方人民政府常见触犯刑法的安全违法行为

1.安全监督检查不力，如对企业安全生产设施或安全生产条件不符合国家规定的情况严重失察；

2.对重大危险源如市区内不具备安全生产条件的加油站、危险化学品仓库等治理不予积极支持；

3.发生事故，不及时、如实上报；

4.发生事故，组织(授意)不报、谎报；

5.其他失职、渎职行为。

八、中介组织常见触犯刑法的安全违法行为

1.提供虚假证明文件；

2.索取他人财物；

3.非法收受他人财物；

4.严重不负责任，出具的证明文件有重大失实，造成严重后果。

第二章 《最高人民法院、最高人民检察院关于办理危害矿山生产安全刑事案件具体应用法律若干问题的解释》解读

第一节 最高人民法院、最高人民检察院关于办理危害矿山生产安全刑事案件具体应用法律若干问题的解释

最高人民法院、最高人民检察院关于办理危害矿山生产安全刑事案件具体应用法律若干问题的解释

法释[2007]5号

《最高人民法院、最高人民检察院关于办理危害矿山生产安全刑事案件具体应用法律若干问题的解释》已于2007年2月26日由最高人民法院审判委员会第1419次会议、2007年2月27日由最高人民检察院第十届检察委员会第72次会议通过,现予公布,自2007年3月1日起施行。

中华人民共和国最高人民法院

中华人民共和国最高人民检察院

二〇〇七年二月二十八日

为依法惩治危害矿山生产安全犯罪，保障矿山生产安全，根据刑法有关规定，现就办理此类刑事案件具体应用法律的若干问题解释如下：

第一条 刑法第一百三十四条第一款规定的犯罪主体，包括对矿山生产、作业负有组织、指挥或者管理职责的负责人、管理人员、实际控制人、投资人等人员，以及直接从事矿山生产、作业的人员。

第二条 刑法第一百三十四条第二款规定的犯罪主体，包括对矿山生产、作业负有组织、指挥或者管理职责的负责人、管理人员、实际控制人、投资人等人员。

第三条 刑法第一百三十五条规定的“直接负责的主管人员和其他直接责任人员”，是指对矿山安全生产设施或者安全生产条件不符合国家规定负有直接责任的矿山生产经营单位负责人、管理人员、实际控制人、投资人，以及对安全生产设施或者安全生产条件负有管理、维护职责的电工、瓦斯检查工等人员。

第四条 发生矿山生产安全事故，具有下列情形之一的，应当认定为刑法第一百三十四条、第一百三十五条规定的“重大伤亡事故或者其他严重后果”：

（一）造成死亡一人以上，或者重伤三人以上的；

（二）造成直接经济损失一百万元以上的；

（三）造成其他严重后果的情形。

具有下列情形之一的，应当认定为刑法第一百三十四条、第一百三十五条规定的“情节特别恶劣”：

（一）造成死亡三人以上，或者重伤十人以上的；

（二）造成直接经济损失三百万元以上的；

（三）其他特别恶劣的情节。

第五条 刑法第一百三十九条之一规定的“负有报告职责的人员”，是指矿山生产经营单位的负责人、实际控制人、负责生产经营管理的投资人以及其他负有报告职责的人员。

第六条 在矿山生产安全事故发生后，负有报告职责的人员不报或者谎报事故情况，贻误事故抢救，具有下列情形之一的，应当认定为刑法第一百三十九条之一规定的“情节严重”：

（一）导致事故后果扩大，增加死亡一人以上，或者增加重伤三人以上，或者增加直接经济损失一百万元以上的；

（二）实施下列行为之一，致使不能及时有效开展事故抢救的：

1. 决定不报、谎报事故情况或者指使、串通有关人员不报、谎报事故情况的；

2. 在事故抢救期间擅离职守或者逃匿的；

3. 伪造、破坏事故现场，或者转移、藏匿、毁灭遇难人员尸体，或者转移、藏匿受伤人员的；

4. 毁灭、伪造、隐匿与事故有关的图纸、记录、计算机数据等资料以及其他证据的；

（三）其他严重的情节。

具有下列情形之一的，应当认定为刑法第一百三十九条之一规定的“情节特别严重”：

1. 导致事故后果扩大，增加死亡三人以上，或者增加重伤十人以上，或者增加直接经济损失三百万元以上的；

2. 采用暴力、胁迫、命令等方式阻止他人报告事故情况导致事故后果扩大的；

3. 其他特别严重的情节。

第七条 在矿山生产安全事故发生后，实施本解释第六条规定的相关行为，帮助负有报告职责的人员不报或者谎报事故情况，贻误事故抢救的，对组织者或者积极参加者，依照刑法第一百三十九条之一的规定，以共犯论处。

第八条 在采矿许可证被依法暂扣期间擅自开采的，视为刑法第三百四十三条第一款规定的“未取得采矿许可证擅自采矿”。

违反矿产资源法的规定，非法采矿或者采取破坏性的开采方法开采矿产资源，造成重大伤亡事故或者其他严重后果，同时构成刑法第三百四十三条规定的犯罪和刑法第一百三十四条或者第一百三十五条规定的犯罪的，依照数罪并罚的规定处罚。

第九条　国家机关工作人员滥用职权或者玩忽职守，危害矿山生产安全，具有下列情形之一，致使公共财产、国家和人民利益遭受重大损失的，依照刑法第三百九十七条的规定定罪处罚：

（一）对不符合矿山法定安全生产条件的事项予以批准或者验收通过的；

（二）对于未依法取得批准、验收的矿山生产经营单位擅自从事生产经营活动不依法予以处理的；

（三）对于已经依法取得批准的矿山生产经营单位不再具备安全生产条件而不撤销原批准或者发现违反安全生产法律法规的行为不予查处的；

（四）强令审核、验收部门及其工作人员实施本条第（一）项行为，或者实施其他阻碍下级部门及其工作人员依法履行矿山安全生产监督管理职责行为的；

（五）在矿山生产安全事故发生后，负有报告职责的国家机关工作人员不报或者谎报事故情况，贻误事故抢救的；

（六）其他滥用职权或者玩忽职守的行为。

第十条　以暴力、威胁方法阻碍矿山安全生产监督管理的，依照刑法第二百七十七条的规定，以妨害公务罪定罪处罚。

第十一条　国家工作人员违反规定投资入股矿山生产经营，构成本解释涉及的有关犯罪的，作为从重情节依法处罚。

第十二条　危害矿山生产安全构成犯罪的人，在矿山生产安全事故发生后，积极组织、参与事故抢救的，可以酌情从轻处罚。

第二节 办理危害矿山生产安全刑事案件的法律依据

《刑法修正案(六)的》颁布实施,为办理安全生产违法犯罪刑事案件提供了重要的法律依据,但是,近年来,在国民经济发展迅速、能源紧缺、油价居高不下等宏观形势下,受国际高油价的拉动,煤价一路攀升,持续在高价位上震荡。

巨额利润的驱使,使煤矿生产犹如野马脱缰,难以控制。不顾安全生产条件而冒险生产,不顾法律规定而非法生产、违法生产,不顾矿工生命安全而遇险不救、瞒报事故,不顾国家三令五申而超能力生产,致使煤矿重特大事故频发不止,成为中国安全生产的事故"多发区"、"重灾区"。一些矿主违法生产,"采带血的煤,赚带血的钱",给人民群众的生命财产造成了巨大损失。一些国家工作人员怠于职守或者违反规定参股煤矿生产,助长了煤矿非法生产现象。从已查处的案件看,许多重特大事故的背后都存在着腐败行为。

面对严峻的煤矿生产安全形势,国家采取了加大煤矿安全投入、严把安全许可入口关、坚决关闭不符合安全条件的小煤窑、整合资源规模化生产等一系列重大举措,使煤矿生产安全事故多发的形势在一定程度上得到了遏制,但是,并未从根本上得到改观。实现煤矿安全生产,还须配套以严厉的法制,通过强大的法律约束,把煤矿安全生产纳入到法治化管理轨道上来,从而长期有序地实现煤矿生产安全。

对矿山生产安全面临的严峻形势和危害矿山生产安全的犯罪行为,广大群众和人大代表非常关注,迫切希望采取更加有力的措施加以解决。2005 年,全国人大常委会专门组成执法检查组检查了安全生产法实施情况,其中重点检查了煤矿安全。地方司法机关和安全生产监管部门均希望最高司法机关能够及时出台相关司法解释。全国人大常委会也转来了有关单位提交的制定相关司法解释的建议。

2006 年 6 月 29 日，十届全国人大常委会第二十二次会议通过了《中华人民共和国刑法修正案(六)》，对刑法有关危害生产安全犯罪的条款作了补充修改和完善，为司法机关及时有效惩治此类犯罪提供了法律依据。但是，由于危害矿山生产安全案件的特殊性和复杂性，司法机关在办案过程中仍然面临许多法律适用疑难问题，实践中因有关定罪量刑标准不明确而影响案件办理的情形也时有发生。

为进一步明确有关办理危害矿山生产安全刑事案件的法律适用问题，依法惩治危害矿山生产安全犯罪活动，规范矿山安全生产秩序，保障矿山生产安全，保护人民群众生命财产安全，最高人民法院、最高人民检察院根据经济社会发展和司法实践的需要，大力开展了以煤矿为重要约束对象的危害矿山生产安全刑事案件的司法解释工作，以使《刑法修正案(六)》成为处理危害生产安全刑事案件的具有良好针对性和可操作性的法律武器。

经过长时间的深入调研、广泛征求社会各界意见，2007 年 2 月 26 日，最高人民法院审判委员会第 1419 次会议通过《最高人民法院、最高人民检察院关于办理危害矿山生产安全刑事案件具体应用法律若干问题的解释》(以下简称《司法解释》)；2007 年 2 月 27 日，最高人民检察院第十届检察委员会第 72 次会议通过《司法解释》；2007 年 2 月 28 日，中华人民共和国最高人民法院、中华人民共和国最高人民检察院联合公布，《司法解释》自 2007 年 3 月 1 日起施行。

《司法解释》共 12 条，主要对刑法第一百三十四条、第一百三十五条、第一百三十九条的有关内容作了解释和规定，并对当前危害矿山生产安全犯罪中出现的新情况、新问题明确了法律适用依据。这使得司法机关在依法打击矿山生产安全违法犯罪行为之时,从犯罪主体、犯罪情节、定罪量刑等方面都有了具体可操作的法律依据,无疑对打击危害矿山生产安全的犯罪行为、消除各种不安全因素、促进矿山生产安全具有重要的推动作用。《刑法修正案(六)》与《司法解释》成为当前办理危害矿山生产安全刑事案件的重要法律武器。

安全生产关系到国家和人民生命财产安全,关系到人民群众的切身利益,关系到全面落实科学发展观和构建社会主义和谐社会的大局。党的十六届六中全会进一步强调了安全发展重要理念,要求完善法律法规,落实责任,坚决遏制重特大安全事故。《司法解释》的制定和实施顺应了社会发展要求,满足了司法实践的迫切需要,有利于依法惩治危害矿山生产安全犯罪活动,规范矿山安全生产秩序,保障矿山生产安全,保护人民群众生命财产安全,促进社会和谐稳定,推动经济社会又好又快发展。

第三节 《司法解释》的主要内容

《司法解释》主要包括以下 5 个方面的内容:

(一)明确了犯罪主体范围

《司法解释》明确了刑法第一百三十四条、第一百三十五条、第一百三十九条之一规定的生产、作业重大安全事故罪,强令违章冒险作业重大安全事故罪,生产设施、条件重大安全事故罪,不报、谎报安全事故罪的主体范围。

(二)明确了相关犯罪的定罪标准

《司法解释》对刑法第一百三十四条、第一百三十五条规定的“重大伤亡事故或者其他严重后果”、“情节特别恶劣”等情节作出了明确的规定。

（三）明确了一些新型疑难问题的法律适用依据

《司法解释》对一些新型疑难问题如在采矿许可证被依法暂扣期间擅自开采的行为确定了法律处理依据。

（四）明确了国家机关工作人员相关滥用职权或者玩忽职守行为及处罚

《司法解释》明确了国家机关工作人员实施哪些滥用职权或者玩忽职守行为，要承担危害矿山生产安全的刑事责任。

（五）明确了处罚原则和量刑情节

《司法解释》明确了办理危害矿山生产安全刑事案件的处罚原则和量刑情节。

第四节 《司法解释》条款解读

一、《司法解释》第一条解读

《司法解释》第一条规定："刑法第一百三十四条第一款规定的犯罪主体，包括对矿山生产、作业负有组织、指挥或者管理职责的负责人、管理人员、实际控制人、投资人等人员，以及直接从事矿山生产、作业的人员。"

刑法第一百三十四条第一款："在生产、作业中违反有关安全管理的规定，因而发生重大伤亡事故或者造成其他严重后果的，处三年以下有期徒刑或者拘役；情节特别恶劣的，处三年以上七年以下有期徒刑。"

刑法第一百三十四条第一款只笼统地规定"对生产、作业中违反有关安全管理的规定，因而发生重大伤亡事故或者造成其他严重后果的"，视情节不同进行相应的刑罚，但并没有明确受刑罚的包括哪些人,即只明确了框架性犯罪情节,但没有根据当前的生活实际明确犯罪主体。《司法解释》则首先根据当前社会实际情况对犯罪主体进行了具体明确。

《司法解释》第一条规定:刑法第一百三十四条第一款规定的犯罪主体规定,可以概括为管理层与执行层两个层面的人员:

(一)管理层——投资、管理人员

这些投资、管理人员具体包括:对矿山生产、作业负有组织、指挥或者管理职责的负责人、管理人员、实际控制人、投资人等人员。

当前,生产经营方式多样、经济成分复杂,投资主体与实际的管理者,具体的管理者与实际的管理者往往并不统一。

譬如,一些股份公司,投资人可能并不参与具体的管理,具体的管理者常常是受雇而来,具体的管理者表面上大权在握,每天进行着直接的管理,然而,其管理准则却往往只能局限于投资者划定的框框,具体的管理者实际扮演着投资者的"傀儡"角色。具体的管理者在生产、作业中违反有关安全管理的规定,并造成重大伤亡事故或者造成其他严重后果,往往不是主观所愿,而是被动执行的结果。如果此时只对具体的管理者进行处罚,而让幕后操纵的投资人逍遥法外,就违背了法律的公平、公正原则。

同时,在实际生活中,许多实体,譬如某小煤窑,矿主往往徒有虚名,真正的实际控制人往往是有权有势的政府官员。譬如,某些政府官员出资开矿,但其本人并不出面担任矿主或合伙人、投资人等角色,而是直接让其亲属担任矿主。从表面上看,其亲属担任法人代表,每天在矿上负责处理矿上的大小事务,可谓"名副其实"地工作。而实际上,这一切都是表面现象,合法的"法人代表"只能听从于非法的幕后操纵者——实际控制人的操纵。合法的"法人代表"在生产、作业中违反有关安全管理的规定,并造成重大伤亡事故或者造成其他严重后果,往往也不是主观所愿,而是被动执行的结果。如果此时只对"法人代表"等具体的管理者进行处罚,而让幕后操纵的实际控制人逍遥法外，也违背了法律的公平、公正原则。

因此，《司法解释》从实际出发，对生产、作业中违反有关安全管理的规定，因而发生重大伤亡事故或者造成其他严重后果的幕前实际活动者与幕后实际操纵者一并明确出来，堵住了现实生活中危害矿山生产安全犯罪分子投机取巧、逃避打击的刑法空子。这种针对实际确定法律主体的原则，贯穿在《司法解释》以下各条对犯罪主体的确定之中，充分体现了法律的公正性、公平性，同时，具有良好的针对性和可操作性。

（二）执行层——具体生产操作人员

直接从事矿山生产、作业的人员，应该遵纪守法，严格按照有关安全管理的规定进行操作，如果在生产、作业中违反有关安全管理的规定，因而发生重大伤亡事故或者造成其他严重后果，受到刑法追究自然是理所应当。

二、《司法解释》第二条解读

《司法解释》第二条规定："刑法第一百三十四条第二款规定的犯罪主体，包括对矿山生产、作业负有组织、指挥或者管理职责的负责人、管理人员、实际控制人、投资人等人员。"

刑法第一百三十四条第二款："强令他人违章冒险作业，因而发生重大伤亡事故或者造成其他严重后果的，处五年以下有期徒刑或者拘役；情节特别恶劣的，处五年以上有期徒刑。"

从刑法第一百三十四条第二款可以明确看出，犯罪主体是具有一定管理职能，可以下达命令的各级管理者。而这些管理者，既包括对矿山生产、作业负有组织、指挥或者管理职责的实际负责人、管理人员，也包括幕后的实际控制人、投资人等人员。

基于上述理由，《司法解释》第二条规定刑法第一百三十四条第二款规定的犯罪主体，包括对矿山生产、作业负有组织、指挥或者管理职责的负责人、管理人员、实际控制人、投资人等具有管理职能的人员。其立法本义与上述“《司法解释》第一条解读”一致。

应该特别指出,《司法解释》第二条规定刑法第一百三十四条第二款规定的犯罪主体,虽然是指具有管理职能,可以“强令他人违章冒险作业”的管理人员,但并不排除直接生产作业人员。在实际生产工作中,许多从业人员往往同时扮演着管理者与执行者双重角色,具有双重职能,如班组长,一般既是管理者,又是直接生产作业人员;又如技术人员,往往也同时既是管理者又是直接操作者,因此,必须具体问题具体对待,依法公正处理,不要人为形成“强令他人冒险作业只能是管理者不能是直接生产作业者”的法律空子。

三、《司法解释》第三条解读

《司法解释》第三条规定:“刑法第一百三十五条规定的‘直接负责的主管人员和其他直接责任人员’,是指对矿山安全生产设施或者安全生产条件不符合国家规定负有直接责任的矿山生产经营单位负责人、管理人员、实际控制人、投资人,以及对安全生产设施或者安全生产条件负有管理、维护职责的电工、瓦斯检查工等人员。”

刑法第一百三十五条规定:“安全生产设施或者安全生产条件不符合国家规定,因而发生重大伤亡事故或者造成其他严重后果的,对直接负责的主管人员和其他直接责任人员,处三年以下有期徒刑或者拘役;情节特别恶劣的,处三年以上七年以下有期徒刑。”

《司法解释》第三条对刑法第一百三十五条规定的犯罪主体即直接负责的主管人员和其他直接责任人员,也从管理层、执行层两个层面进行了明确。

(一)管理层——投资、管理人员

这些投资、管理人员指对矿山安全生产设施或者安全生产条件不符合国家规定负有直接责任的矿山生产经营单位负责人、管理人员、实际控制人、投资人。

之所以如此规定，其立法本义与上述“《司法解释》第一条解读”一致。

(二)执行层——特殊作业人员

这些特殊作业人员是指对安全生产设施或者安全生产条件负有管理、维护职责的电工、瓦斯检查工等人员。

在矿山生产中，瓦斯监测报警、防爆电气的检查与维护，是保证安全生产的重要条件，因此，这些对瓦斯监测报警系统、防爆电气等设备、设施负有管理、维护职责的电工、瓦斯检查工等人员，对保障安全生产条件可靠，从而确保生产安全，保障一线作业者的生命安全具有至关重要的作用。一旦出现失职行为，就极有可能因为一次瓦斯超标不能监测报警、因为一处电气线路不防爆而引发重大瓦斯爆炸事故，因此，必须对这些特殊作业人员明确职责，从严管理，发生事故，依法进行责任追究。

四、《司法解释》第四条解读

《司法解释》第四条规定：

发生矿山生产安全事故，具有下列情形之一的，应当认定为刑法第一百三十四条、第一百三十五条规定的“重大伤亡事故或者其他严重后果”：

(一)造成死亡一人以上，或者重伤三人以上的；

(二)造成直接经济损失一百万元以上的；

(三)造成其他严重后果的情形。

具有下列情形之一的，应当认定为刑法第一百三十四条、第一百三十五条规定的“情节特别恶劣”：

(一) 造成死亡三人以上，或者重伤十人以上的；

(二) 造成直接经济损失三百万元以上的；

(三)其他特别恶劣的情节。

《司法解释》第四条是对“重大伤亡事故或者其他严重后果”、“情节特别恶劣”两大犯罪情节的细化与明确。

（一）对“重大伤亡事故或者其他严重后果”的明确

刑法第一百三十四条、第一百三十五条规定对量刑标准的表述中均有“重大伤亡事故或者其他严重后果”的规定。但何谓“重大伤亡事故”，何谓“其他严重后果”却难以界定。

1. 何谓“重大伤亡事故”

按理，这本不应该是一个难以回答的问题，在当前的相关事故管理规定中，都有相关的规定，但却因为政策“打架”而莫衷一是，使得在案件的具体办理中出现标准不一的现象。

(1)《企业职工伤亡事故分类标准》的规定

国家标准《企业职工伤亡事故分类标准》(GB/T 6441－1986)规定:重大伤亡事故指一次死亡 1～2 人的事故。

这一标准对于重大伤亡事故的界定，虽然明确了死亡人数的范围，但是，从严格意义上讲，是不够完整的。因为，重大伤亡事故，理应存在死亡、受伤两种情形，只明确死亡人数，而不明确受伤人数，显然“名不符实”。

(2)原劳动部的相关规定

在《劳动部办公厅关于印发〈企业职工伤亡事故报告统计问题解答〉的通知》(劳办发(1993)140 号)中规定:重大死亡事故，是指一次事故中死亡 3 人以上(含 3 人)的事故。这显然与 GB 6441－1986《企业职工伤亡事故分类标准》的规定大相径庭。

在此，问题就暴露出来了。上述规定中，重大伤亡事故与重大死亡事故，一字之差，但从“重大”这一前提来讲，实质一样，而各自所明确的死亡人数却大相径庭，这在实际操作中，就不好执行了。依照《企业职工伤亡事故分类标准》(GB/T 6441－1986)，可能执法过重；依照《劳动部办公厅关于印发〈企业职工伤亡事故报告统计问题解答〉的通知》(劳办发(1993)140 号)执行，可能执法过松。

因此,明确重大伤亡事故的确切范围,是顺利实施《刑法修正案(六)》的重要前提,是一个瓶颈问题。

除去上述两个对重大伤亡事故、重大死亡事故有明确界定的规定之外,再没有对重大伤亡事故、重大死亡事故有明确规定的法规。其他有关重大伤亡事故的规定,基本包含在按照事故的严重度来分类的各类行业事故分类当中,可以参照进行理解。主要行业事故分类如下:

(1)火灾事故分类

火灾事故按照严重程度分为一般事故、重大火灾事故、特大火灾事故三类。

《火灾统计管理规定》(公安部、劳动部,1997 年)第六条规定:按照一次火灾事故所造成的人员伤亡、受灾户数和直接财产损失,火灾等级划分为三类:

①具有下列情形之一的火灾,为特大火灾:死亡 10 人(含本数)以上;重伤 20 人(含本数)以上;死亡、重伤 20 人(含本数)以上;受灾 50 户(含本数)以上;直接财产损失 100 万元(含本数)以上。

②具有下列情形之一的,为重大火灾:死亡 3 人(含本数)以上;重伤 10 人(含本数)以上;死亡、重伤 10 人以上;受灾 30 户(含本数)以上;直接财产损失 30 万元以上。

③不具有前列两项情形的燃烧事故,为一般火灾。

(2)航空飞行事故分类

根据《民用航空器飞行事故等级》(GB 14648－1993)、民用航空器飞行事故调查规定(CAAR－395)(民航总局令第 93 号,2000 年 7 月 19 日公布),以及民用航空器事故调查程序,将飞行事故分为:特别重大飞行事故、重大飞行事故、一般飞行事故。

凡属下列行为之一者为特别重大飞行事故:

①人员死亡人数 40 人(含 40)以上者;

②航空器失踪，机上人员在40人(含40)以上者。

凡属下列情况之一者，为重大飞行事故：

①人员重伤人数在10人及其以上者；

②最大起飞重量2250 kg(含)以下的航空器严重损坏，或迫降在无法运出的地方；

③最大起飞重量2250～50000 kg(含)的航空器一般损坏，其修复费用超过事故当时同型或同类可比新航空器价格的10%(含)者；

④最大起飞重量50000 kg以上的航空器一般损坏，其修复费用超过事故当时同型或同类可比新航空器价格的5%(含)者。

不在上面两类中的飞行事故为一般飞行事故。

(3)触电事故分类

《触电事故调查统计规程》中，触电事故分为三类：特别重大事故、重大事故、一般事故。

凡属下列行为之一者为特别重大事故：

①人身死亡事故一次达50人及其以上者；

②造成直接损失达1000万元及其以上者；

③性质特别严重、经国务院电力管理部门认定为特大事故者。

凡属下列行为之一者为重大事故：

①人身死亡事故一次达3人及其以上者或人身伤亡事故一次死亡与重伤达10人及其以上者；

②大面积停电造成减负荷超过200 MW者；

③造成发供电设备或施工机械严重损坏，直接经济损失达150万元者；

④25 MW及以上的发电设备、31.5 MV·A及其以上的主变压器或大型、贵重的施工机械严重损坏，30天内不能修复或修复后不能达到原来铭牌能力和安全水平者；

⑤其他性质严重的事故，经省级电力管理部门认定为重大事

故者。

除特大事故、重大事故以外的事故，均定为一般事故。

(4)道路交通事故

根据《公安部关于修订道路交通事故等级划分标准的通知》(公通字(1991)113号)规定，道路交通事故分为轻微事故、一般事故、重大事故、特大事故四类。

轻微事故，是指一次造成轻伤1至2人，或者财产损失机动车事故不足1000元、非机动车事故不足200元的事故。

一般事故，是指一次造成重伤1至2人，或者轻伤3人以上，或者财产损失不足3万元的事故。

重大事故，是指一次造成死亡1至2人，或者重伤3人以上10人以下，或者财产损失3万元以上不足6万元的事故。

特大事故，是指一次造成死亡3人以上，或者重伤11人以上，或者死亡1人同时重伤8人以上，或者死亡2人同时重伤5人以上，或者财产损失6万元以上的事故。

从上述各规定来看，总体上，重大伤亡事故应为死亡3人以上(含3人)，或一次伤亡10人以上。

那么，到底如何确定重大伤亡事故范畴呢？在《司法解释》征求意见的过程中，出现了几种截然不同的意见。

有些大型矿山企业坚持必须至少死亡3人以上，因为对于上万人的矿山地下开采作业，几乎每天都有因为各种各样的原因受到伤害的职工，一年当中死几个职工是非常正常，甚至是无法避免的。如果每死1个人就要追究相关责任人的刑事责任，甚至被判入狱，那么正常的生产都可能受到严重影响。

有些偏远省份的法官却坚持只要死1个人就算作重大伤亡事故，因为，在当地，没有大矿，几乎都是小煤窑，一个小煤窑很多时候就是几个人十几个人，如果只有死3个或伤10个才能被追究刑事责任，那么就有可能矿上的人员都伤亡大半了，但矿主仍不会被追究刑事责任,如此一来,矿山安全生产怎么能管好呢?

也有学者提出,生命健康不属于财产范畴,其价值无法估量。我们正进入和谐社会,应该大力倡导生命无价理念,发生任何伤亡事故,都应严厉追究责任人的刑事责任。

也有专家提出,以"依法"确定,既然已经有相关的标准、规定,就应以相关的标准、规定为重要界定依据。

众说纷纭,各有其理。如何确定呢?

在综合考虑各方因素的基础上,最后确定"造成死亡一人以上,或者重伤三人以上"为重大伤亡事故。

关于此重大伤亡事故范畴的确定,可以肯定,许多人会有不同的意见。但情理是大众的普遍感情,是群众论事论理、论是论非的标准;法理是法学家理性思考的结晶,是创造法律规则的逻辑基础。上述重大伤亡事故范畴的确定,是法理与情理的有机结合,是与当前及今后一个较长时期的社会状况相符合的,应该坚决执行。

2.何谓"其他严重后果"呢?

除了"造成死亡一人以上,或者重伤三人以上的"重大伤亡事故外,一种具体的情形就是"造成直接经济损失一百万元以上",和一种泛指的情形——造成其他严重后果的情形。

关于"造成直接经济损失一百万元以上"的"直接经济损失"与"一百万元",在立法过程中,也多有歧义。有的认为,不能只考虑直接经济损失,还应考虑间接损失;有的说一百万元太高,简直是要了一个小企业的命;有的则说太低,一百万动不了大企业的一根毫毛。事实确实各有其理,最终也只能通过综合考虑,深入论证,充分考虑合理性、可操作性作此界定。

那么"其他严重后果"又包括哪些呢?其他严重后果,主要包括事故造成的恶劣社会影响、政治影响,对环境造成的严重破坏等。

3. 直接经济损失的计算

(1)直接经济损失的统计范围

直接经济损失的统计范围包括人身伤亡后所支出的费用，含医疗费用(含护理费用)、丧葬及抚恤费用、补助及救济费用、歇工工资；善后处理费用，含处理事故的事务性费用、现场抢救费用、清理现场费用、事故罚款和赔偿费用；财产损失价值，含固定资产损失价值、流动资产损失价值。

(2)直接经济损失的具体计算

直接经济损失的具体计算，应根据《企业职工伤亡事故经济损失统计标准》(GB 6721－1986)(见附录)进行。

(二)对特别恶劣情节的明确

刑法第一百三十四条、第一百三十五条对量刑标准的表述中均有“情节特别恶劣”的刑罚规定。哪些情节属于特别恶劣的情节呢？如果不加明确，只能是仁者见仁，智者见智，说法不一。

《司法解释》对特别恶劣情节作出明确规定：①造成死亡三人以上，或者重伤十人以上的；②造成直接经济损失三百万元以上的；③其他特别恶劣的情节。这样一来，在执法办案中就较为明确了。

总之，《司法解释》第四条对“重大伤亡事故或者其他严重后果”、“情节特别恶劣”两大犯罪情节的细化与明确，使得在办理危害矿山生产安全的刑事案件中，有了具体可操作的标准，能够较好地做到标准统一、公正执法。

五、《司法解释》第五条解读

《司法解释》第五条规定：刑法第一百三十九条之一规定的“负有报告职责的人员”，是指矿山生产经营单位的负责人、实际控制人、负责生产经营管理的投资人以及其他负有报告职责的人员。

在安全事故发生后，负有报告职责的人员有哪些呢？对此，相关法律作了一些规定，但是，有一些情形没有包括进去。譬如一些幕后操纵的实际控制人、投资人，在实际生活中，常常扮演着瞒报事故的元凶，而却无法从法律上找到追究其责任的依据，并因此逍遥法外。

《司法解释》第五条较好地解决了这一问题，基本明确了矿山投资、管理者及法律法规规定的其他人员。

(一)矿山投资、管理者

主要就是矿山生产经营单位的负责人、实际控制人、负责生产经营管理的投资人。

(二)法律法规规定的其他人员

法律法规规定的其他人员，既有企业一般从业人员，也有政府各级官员。具体可包括：

1.事故现场有关人员；

2.有关安全生产监督管理部门工作人员；

3.有关地方人民政府相关工作人员。

六、《司法解释》第六条解读

刑法第一百三十九条规定：在安全事故发生后，负有报告职责的人员不报或者谎报事故情况，贻误事故抢救，情节严重的，处三年以下有期徒刑或者拘役；情节特别严重的，处三年以上七年以下有期徒刑。

哪些情节是严重的？哪些情节是特别严重的呢？如果不加以明确，显然难以操作。

《司法解释》第六条对严重情节、特别严重情节作出了明确规定。

(一)对严重情节的规定

对严重情节具体规定如下：

1.导致事故后果扩大，增加死亡一人以上，或者增加重伤三人以上，或者增加直接经济损失一百万元以上的；

2.实施下列行为之一，致使不能及时有效开展事故抢救的：

(1)决定不报、谎报事故情况或者指使、串通有关人员不报、谎报事故情况的；

(2)在事故抢救期间擅离职守或者逃匿的；

(3)伪造、破坏事故现场，或者转移、藏匿、毁灭遇难人员尸体，或者转移、藏匿受伤人员的；

(4)毁灭、伪造、隐匿与事故有关的图纸、记录、计算机数据等资料以及其他证据的；

3.其他严重的情节。

对于严重情节的界定，基本是从行为结果与行为表现两个层次来确定的。

(1)从行为结果上确定

从行为结果上确定，即明确在安全事故发生后，负有报告职责的人员不报或者谎报事故情况，贻误事故抢救，造成什么样的结果才算严重情节呢？

对此，《司法解释》第六条从两个层面进行了表述。

“导致事故后果扩大，增加死亡一人以上，或者增加重伤三人以上，或者增加直接经济损失一百万元以上的”，所传递的第一个信息，就是明确事故后果扩大，至少达到了《司法解释》对刑法第一百三十四条、第一百三十五条规定的“重大伤亡事故或者其他严重后果的”所确定的范畴。这可称作事故后果扩大的基本层次。

当然也包括已经造成刑法第一百三十四条、第一百三十五条规定的“重大伤亡事故或其他严重后果”，但仍导致事故后果扩大，并“增加死亡一人以上，或者增加重伤三人以上，或者增加直接经济损失一百万元以上的”情形。这可称作事故后果扩大的第二个层次。

(2)从行为表现上确定

从行为表现上确定,即不管结果如何,只要具备某种行为,即视为严重情节,这对于打击犯罪具有更为重要的作用与意义。

《司法解释》第六条明确这些行为包括不报事故、谎报事故、擅离职守、逃匿、毁灭证据五种主要行为,及决定不报、谎报事故情况,指使、串通有关人员不报、谎报事故情况,在事故抢救期间擅离职守、逃匿,伪造、破坏事故现场,转移、藏匿、毁灭遇难人员尸体,转移、藏匿受伤人员,毁灭、伪造、隐匿与事故有关的图纸、记录、计算机数据等资料以及其他证据等多种具体的行为。

在生产实际中,上述行为表现肯定不会包罗一切,还会有许多新的行为表现形式,因此,必须从不报事故、谎报事故、擅离职守、逃匿、毁灭证据等五种主要行为上进行归纳考察。

(二)对特别严重情节的规定

对特别严重情节明确规定如下:

1.导致事故后果扩大,增加死亡三人以上,或者增加重伤十人以上,或者增加直接经济损失三百万元以上的;

2.采用暴力、胁迫、命令等方式阻止他人报告事故情况导致事故后果扩大的;

3.其他特别严重的情节。

对于特别严重情节的界定,基本上也是从行为结果与行为表现来确定的。

1.从行为结果上确定

从行为结果上确定,即"导致事故后果扩大,增加死亡三人以上,或者增加重伤十人以上,或者增加直接经济损失三百万元以上的",就是明确事故后果扩大,至少达到了刑法第一百三十四条、第一百三十五条规定的"情节特别恶劣"所确定的范畴。当然,也包括已经具备刑法第一百三十四条、第一百三十五条规定的"特别恶劣情节",在此基础上,事故后果扩大,并"增加死亡三人以上,或者增加重伤十人以上，或者增加直接经济损失三百万元以上”的情形。

2.从行为表现上确定

从行为表现上确定，即采用暴力、胁迫、命令等方式阻止他人报告事故情况，对于这种行为表现，只要导致事故后果扩大，不管扩大的程度是大是小，只要有此行为，就视为特别严重的情节。

七、《司法解释》第七条解读

《司法解释》第七条规定：在矿山生产安全事故发生后，实施本解释第六条规定的相关行为，帮助负有报告职责的人员不报或者谎报事故情况，贻误事故抢救的，对组织者或者积极参加者，依照刑法第一百三十九条之一的规定，以共犯论处。

《司法解释》第七条明确了对那些虽然不负有报告职责，但却帮助负有报告职责的人员不报或者谎报事故情况，贻误事故抢救的人员的刑事处罚。

对于此条的理解，应包括以下三方面：

（一）犯罪主体

这一条的犯罪主体为不负有报告职责但却帮助负有报告职责的人员不报或者谎报事故情况，贻误事故抢救的人员。在刑法里是没有明确责任追究规定的，该条规定可视作是《司法解释》对打击当前暴露出的一种新的安全生产违法犯罪行为所作的补充规定。

还应特别注意，对帮助负有报告职责的人员不报或者谎报事故情况，贻误事故抢救的人员，不仅是组织者，就是积极参加者，也要受到刑法追究。

（二）行为结果

即犯罪主体是结果犯，不仅有“帮助负有报告职责的人员不报或者谎报事故情况”的行为，而且，还要造成“贻误事故抢救”的后果，如果光有“帮助负有报告职责的人员不报或者谎报事故情况”的行为，而没有造成“贻误事故抢救”的后果，是不应受到刑法处罚的。

（三）量刑依据

对帮助负有报告职责的人员不报或者谎报事故情况，贻误事故抢救的组织者或者积极参加者的刑罚，是依照刑法第一百三十九条之一的规定，以共犯论处，也就是与负有报告职责但不报或者谎报事故情况，贻误事故抢救的人员一视同仁。具体量刑为：情节严重的，处三年以下有期徒刑或者拘役；情节特别严重的，处三年以上七年以下有期徒刑。

八、《司法解释》第八条解读

《司法解释》第八条规定：

在采矿许可证被依法暂扣期间擅自开采的，视为刑法第三百四十三条第一款规定的“未取得采矿许可证擅自采矿”。

违反矿产资源法的规定，非法采矿或者采取破坏性的开采方法开采矿产资源，造成重大伤亡事故或者其他严重后果，同时构成刑法第三百四十三条规定的犯罪和刑法第一百三十四条或者第一百三十五条规定的犯罪的，依照数罪并罚的规定处罚。

采矿许可证被依法暂扣，由于是暂扣，而不是吊销，因此，在采矿许可证被依法暂扣期间，该矿照理依然是具有合法采矿权的，但只是暂时不能再行开采，就像驾驶员的驾驶证被暂扣，其依然是合法的驾驶员，只是暂时不能驾车而已。那么，在采矿许可证被依法暂扣期间，擅自开采，严格来讲就是违法行为，但对于这种违法行为如何定性与处理呢？如果不明确规定，就难以进行合法有效的打击。

《司法解释》第八条规定对此种行为进行了明确定性，并从危害矿山生产安全的角度对非法采矿、破坏性开采行为进行了刑法追究。

(一)违法定性

在采矿许可证被依法暂扣期间擅自开采的违法行为,确定为刑法第三百四十三条第一款规定的“未取得采矿许可证擅自采矿”的行为。这种行为,不再是具有合法采矿证的合法采矿,而是一种虽有采矿许可证(被暂扣)的非法采矿行为。

(二)对危害矿山安全的开采行为的量刑——数罪并罚

对违反矿产资源法的规定,非法采矿或者采取破坏性的开采方法开采矿产资源,造成重大伤亡事故或者其他严重后果,同时构成刑法第三百四十三条规定的犯罪和刑法第一百三十四条或者第一百三十五条规定的犯罪的,依照数罪并罚的规定处罚。

九、《司法解释》第九条解读

《司法解释》第九条规定:

国家机关工作人员滥用职权或者玩忽职守,危害矿山生产安全,具有下列情形之一,致使公共财产、国家和人民利益遭受重大损失的,依照刑法第三百九十七条的规定定罪处罚:

(一)对不符合矿山法定安全生产条件的事项予以批准或者验收通过的;

(二)对于未依法取得批准、验收的矿山生产经营单位擅自从事生产经营活动不依法予以处理的;

(三)对于已经依法取得批准的矿山生产经营单位不再具备安全生产条件而不撤销原批准或者发现违反安全生产法律法规的行为不予查处的;

(四)强令审核、验收部门及其工作人员实施本条第(一)项行为,或者实施其他阻碍下级部门及其工作人员依法履行矿山安全生产监督管理职责行为的;

（五）在矿山生产安全事故发生后，负有报告职责的国家机关工作人员不报或者谎报事故情况，贻误事故抢救的；

（六）其他滥用职权或者玩忽职守的行为。

《司法解释》第九条是对国家机关工作人员滥用职权或者玩忽职守，危害矿山生产安全的应受刑罚的情形进行了具体的明确。理解该条规定，应从以下几个方面进行：

（一）犯罪主体

该条规定的是国家机关工作人员，而非特指国家公务员。哪些是国家机关工作人员呢？

根据《最高人民检察院关于渎职侵权犯罪案件立案标准的规定》，国家机关工作人员，是指在国家机关中从事公务的人员，包括在各级国家权力机关、行政机关、司法机关和军事机关中从事公务的人员。在依照法律、法规规定行使国家行政管理职权的组织中从事公务的人员，或者在受国家机关委托代表国家行使职权的组织中从事公务的人员，或者虽未列入国家机关人员编制但在国家机关中从事公务的人员，在代表国家机关行使职权时，视为国家机关工作人员。在乡（镇）以上中国共产党机关、人民政协机关中从事公务的人员，也视为国家机关工作人员。

（二）犯罪情形

《司法解释》第九条列举了国家机关工作人员滥用职权或者玩忽职守，危害矿山生产安全，应受刑法追究的六种情形，这六种情形，前五种是当前矿山生产安全管理中常见的，而随着形势的发展，肯定还会有更多的表现形式，因此，应高度关注第六种情形——其他滥用职权或者玩忽职守的行为。

（三）犯罪结果

《司法解释》第九条明确了国家机关工作人员滥用职权或者玩忽职守，危害矿山生产安全应受刑法追究的情形，仅属于行为表现，光有这些行为表现，并不能就依此追究相关国家机关工作人员的刑事责任，必须在国家机关工作人员出现了这些行为，而且这些行为造成了“公共财产、国家和人民利益遭受重大损失”的后果，才能依法追究其刑事责任。光有行为表现，没有造成相应的法律明确的行为后果，仍不能追究其刑事责任。

（四）量刑依据

依照刑法第三百九十七条的规定定罪处罚。

刑法第三百九十七条规定：“国家机关工作人员滥用职权或者玩忽职守，致使公共财产、国家和人民利益遭受重大损失的，处三年以下有期徒刑或者拘役；情节特别严重的，处三年以上七年以下有期徒刑。本法另有规定的，依照规定。

国家机关工作人员徇私舞弊，犯前款罪的，处五年以下有期徒刑或者拘役；情节特别严重的，处五年以上十年以下有期徒刑。本法另有规定的，依照规定。”

十、《司法解释》第十条解读

《司法解释》第十条规定：“以暴力、威胁方法阻碍矿山安全生产监督管理的，依照刑法第二百七十七条的规定，以妨害公务罪定罪处罚。”

在当前矿山开采安全监督管理实践中，由于法制观念淡漠，经济利益驱使，及地方保护势力的影响，经常出现以暴力、威胁方法阻碍矿山安全生产监督管理的现象，使得矿山生产安全状况得不到有效的监督，隐患得不到及时发现整改，不仅助长了危害矿山生产安全的非法开采、违法开采者的嚣张气焰，而且，严重恶化了矿山生产安全形势，成为危害矿山安全生产的毒瘤。

对此种行为，刑法第二百七十七作出了明确的规定。

以暴力、威胁方法阻碍国家机关工作人员依法执行职务的，处三年以下有期徒刑、拘役、管制或者罚金。

以暴力、威胁方法阻碍全国人民代表大会和地方各级人民代表大会代表依法执行代表职务的，依照前款的规定处罚。

在自然灾害和突发事件中，以暴力、威胁方法阻碍红十字会工作人员依法履行职责的，依照第一款的规定处罚。

故意阻碍国家安全机关、公安机关依法执行国家安全工作任务，未使用暴力、威胁方法，造成严重后果的，依照第一款的规定处罚。

因此，《司法解释》第十条，明确规定"以暴力、威胁方法阻碍矿山安全生产监督管理的，依照刑法第二百七十七条的规定，以妨害公务罪定罪处罚"。

妨害公务罪，是指以暴力、威胁方法阻碍国家机关工作人员依法执行职务，阻碍人民代表大会代表依法执行代表职务，阻碍红十字会工作人员依法履行职责，阻碍国家安全机关、公安机关依法执行国家安全工作任务；未使用暴力、威胁方法，造成严重后果的，以妨害公务罪定罪处罚。

在理解《司法解释》第十条时，应从以下几个方面进行理解。

（一）明确犯罪主体

以暴力、威胁方法阻碍矿山安全生产监督管理的行为主体，既可能是某个人，也可能是某些人；既包括组织者，也包括具体实施者。

（二）明确侵害对象

以暴力、威胁方法阻碍的对象是指矿山安全生产监督管理的国家机关工作人员，这些国家机关工作人员是《最高人民检察院关于渎职侵权犯罪案件立案标准的规定》中的国家机关工作人员，既可以是安全生产监督管理机构的人员，也可能是进行劳动保护监督检查的工会人员。

(三)国家机关工作人员要依法执行公务

所谓依法执行公务,是指国家机关工作人员在国家规定的范围内,运用其合法职权从事公务活动。这种公务活动,不仅包括国家机关工作人员在工作时间或工作单位中所进行的公务活动,而且还包括国家机关工作人员根据有关规定或命令在其他时间或场所内的公务活动。

(四)犯罪行为人必须具有以暴力或者威胁的方法阻碍执行公务的情节

行为人必须是以暴力或者威胁的方法阻碍执行公务。

暴力,是指行为人对正在依法执行职务的国家工作人员的身体实施了暴力打击或者人身强制,如殴打行为、捆绑行为等。如果行为人的暴力行为造成国家机关工作人员重伤结果或因重伤导致死亡结果,甚至故意杀害国家机关工作人员的,应按处理牵连犯的原则,以重罪吸收轻罪,按故意伤害(重伤)罪或者故意杀人罪定罪,从重处罚。

威胁,是指行为人以杀害、伤害、毁坏财产、破坏名誉、扣押人质等对正在依法执行职务的国家机关工作人员进行威逼、胁迫,企图迫使国家机关工作人员放弃执行职务。

行为人如果并未采用暴力或威胁方法,而是用其他方法干扰国家机关工作人员执行职务,例如谩骂、吵闹等行为,虽然对执行职务有一定程度的妨害,但也不能构成本罪。对此种行为可以批评教育,或进行治安管理处罚,其情节恶劣者,则可能构成侮辱罪或其他犯罪。

十一、《司法解释》第十一条解读

《司法解释》第十一条规定:“国家机关工作人员违反规定投资入股矿山生产经营,构成本解释涉及的有关犯罪的,作为从重情节依法处罚。”

《司法解释》第十一条实质是对国家机关人员危害矿山生产安全的一种从重处罚的情形，具有重要的现实意义。

当前，许多煤矿之所以能在不具备安全生产条件的情况下逃避监督，照常生产，一个重要的因素，就是由国家机关工作人员特别是领导官员的投资入股，充当矿山生产的保护伞。“官商勾结”，使得不具备安全生产条件的矿主，漠视法律、漠视监管、无视安全、冒险蛮干，成为矿山生产安全重特大事故频发不止的重要原因，因此，国家采取了严禁国家机关人员投资入股煤矿生产的硬性规定。在此形势下，如果还有国家机关工作人员违反规定投资入股矿山生产经营，造成重大伤亡事故或其他严重后果，作为从重情节依法对其进行处罚，实属情理之内，法理之中。

十二、《司法解释》第十二条解读

《司法解释》第十二条规定：“危害矿山生产安全构成犯罪的人，在矿山生产安全事故发生后，积极组织、参与事故抢救的，可以酌情从轻处罚。”

《司法解释》第十二条是在《司法解释》（征求意见稿）征求意见过程中被补充上的。这一补充，不仅非常合理，而且合法。

（一）合理

事故发生是难以完全杜绝的，如果发生事故，对危害矿山生产安全的犯罪者，只根据后果进行刑事责任追究，而不考虑其积极组织、参与事故抢救的情节，那就容易造成救与不救一个样，发生事故想救不救的不正常现象，这对及时进行事故的应急救援，最大程度的避免、减少人员伤亡和财产损失是极为不利的。

诚然，许多事故，在事发之后，救与不救，结果往往并无二致，譬如，特殊情况下的炸药爆炸，瞬间爆炸之后，事故往往也不会再继续发展。但是，更应看到，几乎所有的事故，及时的应急救援，对控制事故的恶化与扩大都具有至为重要的作用，早一秒抢救，就多一份主动，就可能少死许多人，因此，必须对那些危害矿山安全的已经构成犯罪的人，在矿山生产安全事故发生后，仍能积极组织、参与事故抢救的，给他们一个“将功补过”的机会，从法律上予以从轻处罚，以最大程度地形成发生事故、人人参与、迅速救援的良好风气。

（二）合法

《司法解释》的第十二条规定与刑法、《安全生产法》等实现了有机衔接。

刑法第七十八条规定：“被判处管制、拘役、有期徒刑、无期徒刑的犯罪分子，在执行期间，如果认真遵守监规，接受教育改造，确有悔改表现的，或者有立功表现的，可以减刑；有下列重大立功表现之一的，应当减刑：

………

（五）在抗御自然灾害或者排除重大事故中，有突出表现的；

（六）对国家和社会有其他重大贡献的。”

对于正在服刑的犯罪分子，对其在抗御自然灾害或者排除重大事故中的突出成绩，尚可给减刑的奖励。对于事发当时，可能知道或并不知道其危害矿山生产安全的行为已经构成犯罪的人的积极组织、参与事故抢救的行为，给予褒扬，酌情从轻处罚，无疑有相当的合法性。

同时，《安全生产法》第十五条规定：“国家对在改善安全生产条件、防止生产安全事故、参加抢险救护等方面取得显著成绩的单位和个人，给予奖励。”由此不难看出，对危害矿山生产安全构成犯罪的人，在矿山生产安全事故发生后，积极组织、参与事故抢救的行为，作为酌情从轻处罚的情节，也是有一定的法律依据的。

学习理解《司法解释》第十二条，应特别注意的是该条规定考察的是行为主体的行为，而不是行为主体的结果，即只要在矿山生产安全事故发生后，积极组织、参与事故抢救，不论结果是否有多大成效，都应酌情从轻处罚。正确理解把握这一点，对于鼓励危害矿山安全行为构成犯罪的行为人，在事故发生之后，积极组织、参与抢救，减少人员伤亡和财产损失是极为重要的。

第五节 应特别注意的几个问题

学习《司法解释》，应注意正确理解以下几个问题。

一、《司法解释》的目的

安全生产关系到国家和人民生命财产安全，关系到人民群众的切身利益，关系到全面落实科学发展观和构建社会主义和谐社会的大局。党的十六届六中全会进一步强调了安全发展重要理念，要求完善法律法规，落实责任，坚决遏制重特大安全事故。《司法解释》的制定和实施顺应了社会发展要求，有利于适应司法实践的迫切需要，对依法惩治危害矿山生产安全犯罪活动、规范矿山安全生产秩序、保障矿山生产安全、保护人民群众生命财产安全、促进社会和谐稳定、推动经济社会又好又快发展有重要意义。

《司法解释》的目的，是根据当前矿山安全生产形势和存在的具体问题，通过对刑法相关条款进行明确的解释，对办理危害矿山生产安全刑事案件可能遇到的主体不明、情节严重性难定等问题作出明确的规定，以提高执法效力，依法惩治危害矿山生产安全犯罪。其根本目的不是打击犯罪，而是保障矿山生产安全，保护人民群众生命财产安全。打击犯罪只是一种保障安全生产的手段。

二、《司法解释》的局限性

《刑法修正案（六）》出台后，社会各方曾广泛要求尽快出台《刑法修正案(六)》的司法解释,但是,出台相关的司法解释的工作量非常巨大,短时间内是无法完成的。但是,当前矿山安全生产形势的严峻,特别是一些特大伤亡事故的发生,又迫切需要依法严惩,而司法机关在运用《刑法修正案(六)》办理当前危害矿山生产安全的刑事案件中,又遇到了一些犯罪主体情形多样难以确定、犯罪情节复杂难以确定严重性等突出问题,基于这种现实需求,国家专门针对办理矿山生产安全刑事案件对刑法(主要内容为《刑法修正案(六)》)作出了司法解释。

因此,《司法解释》只是对依据刑法办理危害矿山生产安全的事件作出的司法解释,不是对办理矿山、化工、纺织等各行各业安全生产刑事案件作出的司法解释,只适用于办理矿山生产安全刑事案件,并不适用于其他行业的安全生产刑事案件。

三、《司法解释》的借鉴性

虽然《司法解释》只适用于办理矿山生产安全刑事案件。但是,由于它是经过深入调研、广泛讨论而形成的集体成果,所解决的问题在许多行业也不同程度、不同形态地存在,因此,其许多内容对于办理其他行业安全生产刑事案件也同样具有良好的借鉴作用。

四、《司法解释》的等效性

从实质上讲,《司法解释》就是对实施《刑法修正案(六)》作出的司法解释。根据我国的法律效力规定,其与《刑法修正案(六)》也即刑法具有同等的法律效力。不能认为它效力低于刑法的效力。

五、《司法解释》的双向性

无疑,《司法解释》是供司法机关办案人员在具体办理危害矿山生产安全刑事案件所用。但法律是公正、公开、公平的,《司法解释》同样是约束矿山从业人员的法律标尺，也即司法人员的执法“标尺”同样是矿山从业人员的行为“标尺”。

矿山从业人员应深入学习，全面理解，甚至要比法官、检察官学习得更深入，理解得更准确，这样既有助于事先预防碰触“高压线”，免受刑法的处罚，也有助于对司法人员执法办案决定有正确的把握，以对正确的执法决定认罪伏法，不无知抗法，对错误的决定依法反驳，依法保护自己的合法权益不受侵犯。

六、何以特别明确矿山实际控制人及负责生产经营管理的投资人在相关犯罪中的刑事责任

《司法解释》第一条、第二条、第三条、第五条分别明确了矿山的实际控制人及负责生产经营管理的投资人的刑事责任问题，涉及刑法第一百三十四条、第一百三十五条、第一百三十九条之一等三个条文规定的四种罪名。由于名义身份与实际身份存在差异，这两类人员的责任问题，是司法实践遇到的比较突出的疑难问题之一。

实际控制人是指这样一些人，他们虽然名义上不是法定代表人或者具体管理人员，但实际上指挥、控制矿山企业的生产、经营、安全、投资和人事任免等重大事项和重要事务，或者对重大决策起决定作用，是矿山企业实质意义上的负责人。

这些人之所以隐身幕后而不担任企业中形式上的负责职位，原因是多方面的，有的人是因没有法规依据而不能、不敢公开担任有关职务，如国家工作人员投资开矿的；有的人是为了逃避承担安全生产责任。这种现象在一些地方比较普遍。

根据《安全生产法》及《国务院关于预防煤矿生产安全事故的特别规定》，实际控制人与煤矿企业负责人对预防煤矿生产安全事故同样负主要责任。投资人对劳动安全设施或者安全生产条件的投入和维护负有资金投入义务。基于投资权益，投资人享有生产经营管理权。考虑到在司法实践中投资人的情况较为复杂，有大股东、

小股东之分，参与企业经营管理的程度不同，有的甚至根本不参与矿山的经营管理，若一概加以追究，则范围太大，应作适当限制。

因此，《司法解释》明确规定，矿山的实际控制人和负责生产经营管理的投资人在生产作业中违反有关安全管理的规定，或者强令他人违章冒险作业，或者对矿山生产安全设施或者安全生产条件不符合国家规定负有直接责任，或者在矿山生产安全事故发生后，不报或者谎报事故情况的，依法追究相应的刑事责任。

七、不报或者谎报矿山事故情况的犯罪行为认定标准的层次性

近年来，一些事故单位的负责人和对安全事故负有监督管理职责的人员在事故发生后弄虚作假、隐瞒不报、谎报事故情况，结果贻误事故抢救，造成人员伤亡和财产损失进一步扩大，社会各界对此反应强烈。为依法惩治不报或者谎报事故情况的犯罪行为，正确适用法律，《司法解释》从以下三个层次进一步明确了该罪的认定标准。

（一）明确了不报或者谎报事故情况犯罪的主体范围

《司法解释》第五条规定，刑法第一百三十九条之一规定的"负有报告职责的人员"，是指矿山生产经营单位的负责人、实际控制人、负责生产经营管理的投资人以及其他负有报告职责的人员。国家机关工作人员不报或者谎报事故情况构成犯罪的，《司法解释》第九条规定依照刑法第三百九十七条规定的滥用职权罪或者玩忽职守罪定罪处罚。

（二）明确了不报或者谎报事故情况犯罪的定罪标准

《司法解释》第六条明确了构成不报或者谎报事故情况犯罪的"情节严重"、"情节特别严重"的几种具体情形。在矿山生产安全事故发生后，负有报告职责的人员不报或者谎报事故情况，贻误事

故抢救,导致事故后果扩大,增加死亡 1 人以上,或者增加重伤 3 人以上,或者增加直接经济损失 100 万元以上的;决定不报、谎报事故情况或者指使、串通有关人员不报或者谎报事故情况,在事故抢救期间擅离职守或者逃匿,伪造、破坏事故现场,转移、藏匿、毁灭遇难人员尸体,转移、藏匿受伤人员,毁灭、伪造、隐匿与事故有关的图纸、记录、计算机数据等资料以及其他证据,致使不能及时有效开展事故抢救的,应当依法追究刑事责任。

(三)明确了帮助不报或者谎报事故情况构成犯罪的法律界限和适用依据

《司法解释》第七条规定,在矿山生产安全事故发生后,实施本解释第六条规定的相关行为,帮助负有报告职责的人员不报或者谎报事故情况,贻误事故抢救的,对组织者或者积极参加者,依照刑法第一百三十九条之一的规定,以共犯论处。

八、国家机关工作人员在矿山安全生产管理中的渎职犯罪行为

当前,一些国家机关工作人员的渎职行为助长了矿山非法生产现象,许多重特大事故的背后都存在着腐败渎职行为。据统计,2006 年,全国检察机关派员参与行政机关对重大安全生产责任事故调查 1383 件,通过调查发现并立案查办涉嫌渎职等职务犯罪案件 629 人。因此,遏制矿山事故,保障矿山生产安全,必须进一步加大力度、突出重点,依法惩治重大安全生产责任事故涉及的职务犯罪。

《司法解释》第九条从六个方面较为全面地明确了国家机关工作人员在矿山安全生产管理中的渎职犯罪行为:一是对不符合矿山法定安全生产条件的事项予以批准或者验收通过的;二是对于未依法取得批准、验收的矿山生产经营单位擅自从事生产经营活动不依法予以处理的;三是对于已经依法取得批准的矿山生产经

营单位不再具备安全生产条件而不撤销原批准或者发现违反安全生产法律法规的行为不予查处的；四是强令审核、验收部门及其工作人员对不符合矿山法定安全生产条件的事项予以批准或者验收通过，或者实施其他阻碍下级部门及其工作人员依法履行矿山安全生产监督管理职责行为的；五是在矿山生产安全事故发生后，负有报告职责的国家机关工作人员不报或者谎报事故情况，贻误事故抢救的；六是其他危害矿山生产安全的滥用职权或者玩忽职守的行为。

九、宽严相济的立法精神

宽严相济是我国的一项基本刑事政策，《司法解释》主要在以下几个方面贯彻和体现了宽严相济的政策要求。

（一）规定了从轻处罚情节

为有效保护矿工生命财产安全，树立正确导向，鼓励行为人有效减少事故损失和危害后果，《司法解释》第十二条规定，危害矿山生产安全构成犯罪的人，在矿山生产安全事故发生后，积极组织、参与事故抢救的，可以酌情从轻处罚。

（二）规定了从重处罚情节

《司法解释》第十一条规定，国家机关工作人员违反规定投资入股矿山生产经营，构成本解释涉及的有关犯罪的，作为从重情节依法处罚。

（三）规定了数罪并罚情形

《司法解释》第八条第二款规定，违反矿产资源法的规定，非法采矿或者采取破坏性的开采方法开采矿产资源，造成重大伤亡事故或者其他严重后果，同时构成刑法第三百四十三条规定的犯罪和刑法第一百三十四条或者第一百三十五条规定的犯罪的，依照数罪并罚的规定处罚。

(四)遏制暴力抗法行为

考虑到实践中抗拒矿山安全执法的情况较严重,应依法对此种行为人予以打击,《司法解释》第十条对阻碍矿山安全监管构成妨害公务罪的情形作了规定,以遏制犯罪分子的暴力抗法行为,维护矿山安全执法环境。

第三章 《最高人民检察院关于渎职侵权犯罪案件立案标准的规定》解读

第一节 最高人民检察院关于渎职侵权犯罪案件立案标准的规定

中华人民共和国最高人民检察院公告

高检发释字〔2006〕2号

《最高人民检察院关于渎职侵权犯罪案件立案标准的规定》已于2005年12月29日由最高人民检察院第十届检察委员会第四十九次会议通过，现予公布，自公布之日起施行。

最高人民检察院

二〇〇六年七月二十六日

最高人民检察院关于渎职侵权犯罪案件立案标准的规定

（2005 年 12 月 29 日最高人民检察院第十届检察委员会第四十九次会议通过，2006 年 7 月 26 日施行）

根据《中华人民共和国刑法》、《中华人民共和国刑事诉讼法》和其他法律的有关规定，对国家机关工作人员渎职和利用职权实施的侵犯公民人身权利、民主权利犯罪案件的立案标准规定如下：

一、渎职犯罪案件

（一）滥用职权案（第三百九十七条）

滥用职权罪是指国家机关工作人员超越职权，违法决定、处理其无权决定、处理的事项，或者违反规定处理公务，致使公共财产、国家和人民利益遭受重大损失的行为。

涉嫌下列情形之一的，应予立案：

1. 造成死亡 1 人以上，或者重伤 2 人以上，或者重伤 1 人、轻伤 3 人以上，或者轻伤 5 人以上的；

2. 导致 10 人以上严重中毒的；

3. 造成个人财产直接经济损失 10 万元以上，或者直接经济损失不满 10 万元，但间接经济损失 50 万元以上的；

4. 造成公共财产或者法人、其他组织财产直接经济损失 20 万元以上，或者直接经济损失不满 20 万元，但间接经济损失 100 万元以上的；

5. 虽未达到 3、4 两项数额标准，但 3、4 两项合计直接经济损失 20 万元以上，或者合计直接经济损失不满 20 万元，但合计间接经济损失 100 万元以上的；

6. 造成公司、企业等单位停业、停产 6 个月以上，或者破产的；

7. 弄虚作假，不报、缓报、谎报或者授意、指使、强令他人不报、缓报、谎报情况，导致重特大事故危害结果继续、扩大，或者致使抢救、调查、处理工作延误的；

8. 严重损害国家声誉，或者造成恶劣社会影响的；

9. 其他致使公共财产、国家和人民利益遭受重大损失的情形。

国家机关工作人员滥用职权，符合刑法第九章所规定的特殊渎职罪构成要件的，按照该特殊规定追究刑事责任；主体不符合刑法第九章所规定的特殊渎职罪的主体要件，但滥用职权涉嫌前款第1项至第9项规定情形之一的，按照刑法第397条的规定以滥用职权罪追究刑事责任。

（二）玩忽职守案（第三百九十七条）

玩忽职守罪是指国家机关工作人员严重不负责任，不履行或者不认真履行职责，致使公共财产、国家和人民利益遭受重大损失的行为。

涉嫌下列情形之一的，应予立案：

1. 造成死亡1人以上，或者重伤3人以上，或者重伤2人、轻伤4人以上，或者重伤1人、轻伤7人以上，或者轻伤10人以上的；

2. 导致20人以上严重中毒的；

3. 造成个人财产直接经济损失15万元以上，或者直接经济损失不满15万元，但间接经济损失75万元以上的；

4. 造成公共财产或者法人、其他组织财产直接经济损失30万元以上，或者直接经济损失不满30万元，但间接经济损失150万元以上的；

5. 虽未达到3、4两项数额标准，但3、4两项合计直接经济损失30万元以上，或者合计直接经济损失不满30万元，但合计间接经济损失150万元以上的；

6. 造成公司、企业等单位停业、停产1年以上，或者破产的；

7.海关、外汇管理部门的工作人员严重不负责任,造成100万美元以上外汇被骗购或者逃汇1000万美元以上的;

8.严重损害国家声誉,或者造成恶劣社会影响的;

9.其他致使公共财产、国家和人民利益遭受重大损失的情形。

国家机关工作人员玩忽职守,符合刑法第九章所规定的特殊渎职罪构成要件的,按照该特殊规定追究刑事责任;主体不符合刑法第九章所规定的特殊渎职罪的主体要件,但玩忽职守涉嫌前款第1项至第9项规定情形之一的,按照刑法第397条的规定以玩忽职守罪追究刑事责任。

(三)故意泄露国家秘密案(第三百九十八条)

故意泄露国家秘密罪是指国家机关工作人员或者非国家机关工作人员违反保守国家秘密法,故意使国家秘密被不应知悉者知悉,或者故意使国家秘密超出了限定的接触范围,情节严重的行为。

涉嫌下列情形之一的,应予立案:

1.泄露绝密级国家秘密1项(件)以上的;

2.泄露机密级国家秘密2项(件)以上的;

3.泄露秘密级国家秘密3项(件)以上的;

4.向非境外机构、组织、人员泄露国家秘密,造成或者可能造成危害社会稳定、经济发展、国防安全或者其他严重危害后果的;

5.通过口头、书面或者网络等方式向公众散布、传播国家秘密的;

6.利用职权指使或者强迫他人违反国家保守秘密法的规定泄露国家秘密的;

7.以牟取私利为目的泄露国家秘密的;

8.其他情节严重的情形。

（四）过失泄露国家秘密案（第三百九十八条）

过失泄露国家秘密罪是指国家机关工作人员或者非国家机关工作人员违反保守国家秘密法，过失泄露国家秘密，或者遗失国家秘密载体，致使国家秘密被不应知悉者知悉或者超出了限定的接触范围，情节严重的行为。

涉嫌下列情形之一的，应予立案：

1. 泄露绝密级国家秘密 1 项（件）以上的；

2. 泄露机密级国家秘密 3 项（件）以上的；

3. 泄露秘密级国家秘密 4 项（件）以上的；

4. 违反保密规定，将涉及国家秘密的计算机或者计算机信息系统与互联网相连接，泄露国家秘密的；

5. 泄露国家秘密或者遗失国家秘密载体，隐瞒不报、不如实提供有关情况或者不采取补救措施的；

6. 其他情节严重的情形。

（五）徇私枉法案（第三百九十九条第一款）

徇私枉法罪是指司法工作人员徇私枉法、徇情枉法，对明知是无罪的人而使他受追诉、对明知是有罪的人而故意包庇不使他受追诉，或者在刑事审判活动中故意违背事实和法律作枉法裁判的行为。

涉嫌下列情形之一的，应予立案：

1. 对明知是没有犯罪事实或者其他依法不应当追究刑事责任的人，采取伪造、隐匿、毁灭证据或者其他隐瞒事实、违反法律的手段，以追究刑事责任为目的立案、侦查、起诉、审判的；

2. 对明知是有犯罪事实需要追究刑事责任的人，采取伪造、隐匿、毁灭证据或者其他隐瞒事实、违反法律的手段，故意包庇使其不受立案、侦查、起诉、审判的；

3. 采取伪造、隐匿、毁灭证据或者其他隐瞒事实、违反法律的手段，故意使罪重的人受较轻的追诉，或者使罪轻的人受较重的追诉的；

4. 在立案后，采取伪造、隐匿、毁灭证据或者其他隐瞒事实、违反法律的手段，应当采取强制措施而不采取强制措施，或者虽然采取强制措施，但中断侦查或者超过法定期限不采取任何措施，实际放任不管，以及违法撤销、变更强制措施，致使犯罪嫌疑人、被告人实际脱离司法机关侦控的；

5. 在刑事审判活动中故意违背事实和法律，作出枉法判决、裁定，即有罪判无罪、无罪判有罪，或者重罪轻判、轻罪重判的；

6. 其他徇私枉法应予追究刑事责任的情形。

(六)民事、行政枉法裁判案(第三百九十九条第二款)

民事、行政枉法裁判罪是指司法工作人员在民事、行政审判活动中，故意违背事实和法律作枉法裁判，情节严重的行为。

涉嫌下列情形之一的，应予立案：

1. 枉法裁判，致使当事人或者其近亲属自杀、自残造成重伤、死亡，或者精神失常的；

2. 枉法裁判，造成个人财产直接经济损失 10 万元以上，或者直接经济损失不满 10 万元，但间接经济损失 50 万元以上的；

3. 枉法裁判，造成法人或者其他组织财产直接经济损失 20 万元以上，或者直接经济损失不满 20 万元，但间接经济损失 100 万元以上的；

4. 伪造、变造有关材料、证据，制造假案枉法裁判的；

5. 串通当事人制造伪证，毁灭证据或者篡改庭审笔录而枉法裁判的；

6. 徇私情、私利，明知是伪造、变造的证据予以采信，或者故意对应当采信的证据不予采信，或者故意违反法定程序，或者故意错误适用法律而枉法裁判的；

7. 其他情节严重的情形。

(七)执行判决、裁定失职案(第三百九十九条第三款)

执行判决、裁定失职罪是指司法工作人员在执行判决、裁定活动中,严重不负责任,不依法采取诉讼保全措施、不履行法定执行职责,或者违法采取保全措施、强制执行措施,致使当事人或者其他人的利益遭受重大损失的行为。

涉嫌下列情形之一的,应予立案:

1.致使当事人或者其近亲属自杀、自残造成重伤、死亡,或者精神失常的;

2.造成个人财产直接经济损失15万元以上,或者直接经济损失不满15万元,但间接经济损失75万元以上的;

3.造成法人或者其他组织财产直接经济损失30万元以上,或者直接经济损失不满30万元,但间接经济损失150万元以上的;

4.造成公司、企业等单位停业、停产1年以上,或者破产的;

5.其他致使当事人或者其他人的利益遭受重大损失的情形。

(八)执行判决、裁定滥用职权案(第三百九十九条第三款)

执行判决、裁定滥用职权罪是指司法工作人员在执行判决、裁定活动中,滥用职权,不依法采取诉讼保全措施、不履行法定执行职责,或者违法采取保全措施、强制执行措施,致使当事人或者其他人的利益遭受重大损失的行为。

涉嫌下列情形之一的,应予立案:

1.致使当事人或者其近亲属自杀、自残造成重伤、死亡,或者精神失常的;

2.造成个人财产直接经济损失10万元以上,或者直接经济损失不满10万元,但间接经济损失50万元以上的;

3.造成法人或者其他组织财产直接经济损失20万元以上,或者直接经济损失不满20万元,但间接经济损失100万元以上的;

4.造成公司、企业等单位停业、停产6个月以上,或者破产的;

5. 其他致使当事人或者其他人的利益遭受重大损失的情形。

(九)私放在押人员案(第四百条第一款)

私放在押人员罪是指司法工作人员私放在押(包括在羁押场所和押解途中)的犯罪嫌疑人、被告人或者罪犯的行为。

涉嫌下列情形之一的,应予立案:

1. 私自将在押的犯罪嫌疑人、被告人、罪犯放走,或者授意、指使、强迫他人将在押的犯罪嫌疑人、被告人、罪犯放走的;

2. 伪造、变造有关法律文书、证明材料,以使在押的犯罪嫌疑人、被告人、罪犯逃跑或者被释放的;

3. 为私放在押的犯罪嫌疑人、被告人、罪犯,故意向其通风报信、提供条件,致使该在押的犯罪嫌疑人、被告人、罪犯脱逃的;

4. 其他私放在押的犯罪嫌疑人、被告人、罪犯应予追究刑事责任的情形。

(十)失职致使在押人员脱逃案(第四百条第二款)

失职致使在押人员脱逃罪是指司法工作人员由于严重不负责任,不履行或者不认真履行职责,致使在押(包括在羁押场所和押解途中)的犯罪嫌疑人、被告人、罪犯脱逃,造成严重后果的行为。

涉嫌下列情形之一的,应予立案:

1. 致使依法可能判处或者已经判处10年以上有期徒刑、无期徒刑、死刑的犯罪嫌疑人、被告人、罪犯脱逃的;

2. 致使犯罪嫌疑人、被告人、罪犯脱逃3人次以上的;

3. 犯罪嫌疑人、被告人、罪犯脱逃以后,打击报复报案人、控告人、举报人、被害人、证人和司法工作人员等,或者继续犯罪的;

4. 其他致使在押的犯罪嫌疑人、被告人、罪犯脱逃,造成严重后果的情形。

(十一)徇私舞弊减刑、假释、暂予监外执行案(第四百零一条)

徇私舞弊减刑、假释、暂予监外执行罪是指司法工作人员徇私舞弊，对不符合减刑、假释、暂予监外执行条件的罪犯予以减刑、假释、暂予监外执行的行为。

涉嫌下列情形之一的，应予立案：

1. 刑罚执行机关的工作人员对不符合减刑、假释、暂予监外执行条件的罪犯，捏造事实，伪造材料，违法报请减刑、假释、暂予监外执行的；

2. 审判人员对不符合减刑、假释、暂予监外执行条件的罪犯，徇私舞弊，违法裁定减刑、假释或者违法决定暂予监外执行的；

3. 监狱管理机关、公安机关的工作人员对不符合暂予监外执行条件的罪犯，徇私舞弊，违法批准暂予监外执行的；

4. 不具有报请、裁定、决定或者批准减刑、假释、暂予监外执行权的司法工作人员利用职务上的便利，伪造有关材料，导致不符合减刑、假释、暂予监外执行条件的罪犯被减刑、假释、暂予监外执行的；

5. 其他徇私舞弊减刑、假释、暂予监外执行应予追究刑事责任的情形。

（十二）徇私舞弊不移交刑事案件案（第四百零二条）

徇私舞弊不移交刑事案件罪是指工商行政管理、税务、监察等行政执法人员，徇私舞弊，对依法应当移交司法机关追究刑事责任的案件不移交，情节严重的行为。

涉嫌下列情形之一的，应予立案：

1. 对依法可能判处3年以上有期徒刑、无期徒刑、死刑的犯罪案件不移交的；

2. 不移交刑事案件涉及3人次以上的；

3. 司法机关提出意见后，无正当理由仍然不予移交的；

4. 以罚代刑，放纵犯罪嫌疑人，致使犯罪嫌疑人继续进行违法犯罪活动的；

5. 行政执法部门主管领导阻止移交的；

6.隐瞒、毁灭证据,伪造材料,改变刑事案件性质的;

7.直接负责的主管人员和其他直接责任人员为牟取本单位私利而不移交刑事案件,情节严重的;

8.其他情节严重的情形。

(十三)滥用管理公司、证券职权案(第四百零三条)

滥用管理公司、证券职权罪是指工商行政管理、证券管理等国家有关主管部门的工作人员徇私舞弊,滥用职权,对不符合法律规定条件的公司设立、登记申请或者股票、债券发行、上市申请予以批准或者登记,致使公共财产、国家和人民利益遭受重大损失的行为,以及上级部门、当地政府强令登记机关及其工作人员实施上述行为的行为。

涉嫌下列情形之一的,应予立案:

1.造成直接经济损失50万元以上的;

2.工商管理部门的工作人员对不符合法律规定条件的公司设立、登记申请,违法予以批准、登记,严重扰乱市场秩序的;

3.金融证券管理机构工作人员对不符合法律规定条件的股票、债券发行、上市申请,违法予以批准,严重损害公众利益,或者严重扰乱金融秩序的;

4.工商管理部门、金融证券管理机构的工作人员对不符合法律规定条件的公司设立、登记申请或者股票、债券发行、上市申请违法予以批准或者登记,致使犯罪行为得逞的;

5.上级部门、当地政府直接负责的主管人员强令登记机关及其工作人员,对不符合法律规定条件的公司设立、登记申请或者股票、债券发行、上市申请予以批准或者登记,致使公共财产、国家或者人民利益遭受重大损失的;

6.其他致使公共财产、国家和人民利益遭受重大损失的情形。

(十四)徇私舞弊不征、少征税款案(第四百零四条)

徇私舞弊不征、少征税款罪是指税务机关工作人员徇私舞弊，不征、少征应征税款，致使国家税收遭受重大损失的行为。

涉嫌下列情形之一的，应予立案：

1. 徇私舞弊不征、少征应征税款，致使国家税收损失累计达10万元以上的；

2. 上级主管部门工作人员指使税务机关工作人员徇私舞弊不征、少征应征税款，致使国家税收损失累计达10万元以上的；

3. 徇私舞弊不征、少征应征税款不满10万元，但具有索取或者收受贿赂或者其他恶劣情节的；

4. 其他致使国家税收遭受重大损失的情形。

(十五)徇私舞弊发售发票、抵扣税款、出口退税案(第四百零五条第一款)

徇私舞弊发售发票、抵扣税款、出口退税罪是指税务机关工作人员违反法律、行政法规的规定，在办理发售发票、抵扣税款、出口退税工作中徇私舞弊，致使国家利益遭受重大损失的行为。

涉嫌下列情形之一的，应予立案：

1. 徇私舞弊，致使国家税收损失累计达10万元以上的；

2. 徇私舞弊，致使国家税收损失累计不满10万元，但发售增值税专用发票25份以上或者其他发票50份以上或者增值税专用发票与其他发票合计50份以上，或者具有索取、收受贿赂或者其他恶劣情节的；

3. 其他致使国家利益遭受重大损失的情形。

(十六)违法提供出口退税凭证案(第四百零五条第二款)

违法提供出口退税凭证罪是指海关、外汇管理等国家机关工作人员违反国家规定，在提供出口货物报关单、出口收汇核销单等出口退税凭证的工作中徇私舞弊，致使国家利益遭受重大损失的行为。

涉嫌下列情形之一的,应予立案:

1.徇私舞弊,致使国家税收损失累计达10万元以上的;

2.徇私舞弊,致使国家税收损失累计不满10万元,但具有索取、收受贿赂或者其他恶劣情节的;

3.其他致使国家利益遭受重大损失的情形。

(十七)国家机关工作人员签订、履行合同失职被骗案(第四百零六条)

国家机关工作人员签订、履行合同失职被骗罪是指国家机关工作人员在签订、履行合同过程中,因严重不负责任,不履行或者不认真履行职责被诈骗,致使国家利益遭受重大损失的行为。

涉嫌下列情形之一的,应予立案:

1.造成直接经济损失30万元以上,或者直接经济损失不满30万元,但间接经济损失150万元以上的;

2.其他致使国家利益遭受重大损失的情形。

(十八)违法发放林木采伐许可证案(第四百零七条)

违法发放林木采伐许可证罪是指林业主管部门的工作人员违反森林法的规定,超过批准的年采伐限额发放林木采伐许可证或者违反规定滥发林木采伐许可证,情节严重,致使森林遭受严重破坏的行为。

涉嫌下列情形之一的,应予立案:

1.发放林木采伐许可证允许采伐数量累计超过批准的年采伐限额,导致林木被超限额采伐10 m^3 以上的;

2.滥发林木采伐许可证,导致林木被滥伐20 m^3 以上,或者导致幼树被滥伐1000株以上的;

3.滥发林木采伐许可证,导致防护林、特种用途林被滥伐5 m^3 以上,或者幼树被滥伐200株以上的;

4. 滥发林木采伐许可证，导致珍贵树木或者国家重点保护的其他树木被滥伐的；

5. 滥发林木采伐许可证，导致国家禁止采伐的林木被采伐的；

6. 其他情节严重，致使森林遭受严重破坏的情形。

林业主管部门工作人员之外的国家机关工作人员，违反森林法的规定，滥用职权或者玩忽职守，致使林木被滥伐 40 m^3 以上或者幼树被滥伐 2000 株以上，或者致使防护林、特种用途林被滥伐 10 m^3 以上或者幼树被滥伐 400 株以上，或者致使珍贵树木被采伐、毁坏 4 m^3 或者 4 株以上，或者致使国家重点保护的其他植物被采伐、毁坏后果严重的，或者致使国家严禁采伐的林木被采伐、毁坏情节恶劣的，按照刑法第 397 条的规定以滥用职权罪或者玩忽职守罪追究刑事责任。

（十九）环境监管失职案（第四百零八条）

环境监管失职罪是指负有环境保护监督管理职责的国家机关工作人员严重不负责任，不履行或者不认真履行环境保护监管职责导致发生重大环境污染事故，致使公私财产遭受重大损失或者造成人身伤亡的严重后果的行为。

涉嫌下列情形之一的，应予立案：

1. 造成死亡 1 人以上，或者重伤 3 人以上，或者重伤 2 人、轻伤 4 人以上，或者重伤 1 人、轻伤 7 人以上，或者轻伤 10 人以上的；

2. 导致 30 人以上严重中毒的；

3. 造成个人财产直接经济损失 15 万元以上，或者直接经济损失不满 15 万元，但间接经济损失 75 万元以上的；

4. 造成公共财产、法人或者其他组织财产直接经济损失 30 万元以上，或者直接经济损失不满 30 万元，但间接经济损失 150 万元以上的；

5. 虽未达到 3、4 两项数额标准，但 3、4 两项合计直接经济损失 30 万元以上，或者合计直接经济损失不满 30 万元，但合计间接经济损失 150 万元以上的；

6. 造成基本农田或者防护林地、特种用途林地 10 亩* 以上，或者基本农田以外的耕地 50 亩以上，或者其他土地 70 亩以上被严重毁坏的；

7. 造成生活饮用水地表水源和地下水源严重污染的；

8. 其他致使公私财产遭受重大损失或者造成人身伤亡严重后果的情形。

（二十）传染病防治失职案（第四百零九条）

传染病防治失职罪是指从事传染病防治的政府卫生行政部门的工作人员严重不负责任，不履行或者不认真履行传染病防治监管职责，导致传染病传播或者流行，情节严重的行为。

涉嫌下列情形之一的，应予立案：

1. 导致甲类传染病传播的；

2. 导致乙类、丙类传染病流行的；

3. 因传染病传播或者流行，造成人员重伤或者死亡的；

4. 因传染病传播或者流行，严重影响正常的生产、生活秩序的；

5. 在国家对突发传染病疫情等灾害采取预防、控制措施后，对发生突发传染病疫情等灾害的地区或者突发传染病病人、病原携带者、疑似突发传染病病人，未按照预防、控制突发传染病疫情等灾害工作规范的要求做好防疫、检疫、隔离、防护、救治等工作，或者采取的预防、控制措施不当，造成传染范围扩大或者疫情、灾情加重的；

6. 在国家对突发传染病疫情等灾害采取预防、控制措施后，隐

*1 亩 =（10000/15）m^2

瞒、缓报、谎报或者授意、指使、强令他人隐瞒、缓报、谎报疫情、灾情，造成传染范围扩大或者疫情、灾情加重的；

7. 在国家对突发传染病疫情等灾害采取预防、控制措施后，拒不执行突发传染病疫情等灾害应急处理指挥机构的决定、命令，造成传染范围扩大或者疫情、灾情加重的；

8. 其他情节严重的情形。

（二十一）非法批准征用、占用土地案（第四百一十条）

非法批准征用、占用土地罪是指国家机关工作人员徇私舞弊，违反土地管理法、森林法、草原法等法律以及有关行政法规中关于土地管理的规定，滥用职权，非法批准征用、占用耕地、林地等农用地以及其他土地，情节严重的行为。

涉嫌下列情形之一的，应予立案：

1. 非法批准征用、占用基本农田 10 亩以上的；

2. 非法批准征用、占用基本农田以外的耕地 30 亩以上的；

3. 非法批准征用、占用其他土地 50 亩以上的；

4. 虽未达到上述数量标准，但造成有关单位、个人直接经济损失 30 万元以上，或者造成耕地大量毁坏或者植被遭到严重破坏的；

5. 非法批准征用、占用土地，影响群众生产、生活，引起纠纷，造成恶劣影响或者其他严重后果的；

6. 非法批准征用、占用防护林地、特种用途林地分别或者合计 10 亩以上的；

7. 非法批准征用、占用其他林地 20 亩以上的；

8. 非法批准征用、占用林地造成直接经济损失 30 万元以上，或者造成防护林地、特种用途林地分别或者合计 5 亩以上或者其他林地 10 亩以上毁坏的；

9. 其他情节严重的情形。

(二十二)非法低价出让国有土地使用权案(第四百一十条)

非法低价出让国有土地使用权罪是指国家机关工作人员徇私舞弊,违反土地管理法、森林法、草原法等法律以及有关行政法规中关于土地管理的规定,滥用职权,非法低价出让国有土地使用权,情节严重的行为。

涉嫌下列情形之一的,应予立案:

1.非法低价出让国有土地30亩以上,并且出让价额低于国家规定的最低价额标准的百分之六十的;

2.造成国有土地资产流失价额30万元以上的;

3.非法低价出让国有土地使用权,影响群众生产、生活,引起纠纷,造成恶劣影响或者其他严重后果的;

4.非法低价出让林地合计30亩以上,并且出让价额低于国家规定的最低价额标准的百分之六十的;

5.造成国有资产流失30万元以上的;

6.其他情节严重的情形。

(二十三)放纵走私案(第四百一十一条)

放纵走私罪是指海关工作人员徇私舞弊,放纵走私,情节严重的行为。

涉嫌下列情形之一的,应予立案:

1.放纵走私犯罪的;

2.因放纵走私致使国家应收税额损失累计达10万元以上的;

3.放纵走私行为3起次以上的;

4.放纵走私行为,具有索取或者收受贿赂情节的;

5.其他情节严重的情形。

(二十四)商检徇私舞弊案(第四百一十二条第一款)

商检徇私舞弊罪是指出入境检验检疫机关、检验检疫机构工作人员徇私舞弊,伪造检验结果的行为。

涉嫌下列情形之一的，应予立案：

1. 采取伪造、变造的手段对报检的商品的单证、印章、标志、封识、质量认证标志等作虚假的证明或者出具不真实的证明结论的；

2. 将送检的合格商品检验为不合格，或者将不合格商品检验为合格的；

3. 对明知是不合格的商品，不检验而出具合格检验结果的；

4. 其他伪造检验结果应予追究刑事责任的情形。

（二十五）商检失职案（第四百一十二条第二款）

商检失职罪是指出入境检验检疫机关、检验检疫机构工作人员严重不负责任，对应当检验的物品不检验，或者延误检验出证、错误出证，致使国家利益遭受重大损失的行为。

涉嫌下列情形之一的，应予立案：

1. 致使不合格的食品、药品、医疗器械等商品出入境，严重危害生命健康的；

2. 造成个人财产直接经济损失 15 万元以上，或者直接经济损失不满 15 万元，但间接经济损失 75 万元以上的；

3. 造成公共财产、法人或者其他组织财产直接经济损失 30 万元以上，或者直接经济损失不满 30 万元，但间接经济损失 150 万元以上的；

4. 未经检验，出具合格检验结果，致使国家禁止进口的固体废物、液态废物和气态废物等进入境内的；

5. 不检验或者延误检验出证、错误出证，引起国际经济贸易纠纷，严重影响国家对外经贸关系，或者严重损害国家声誉的；

6. 其他致使国家利益遭受重大损失的情形。

（二十六）动植物检疫徇私舞弊案（第四百一十三条第一款）

动植物检疫徇私舞弊罪是指出入境检验检疫机关、检验检疫机构工作人员徇私舞弊，伪造检疫结果的行为。

涉嫌下列情形之一的，应予立案：

1.采取伪造、变造的手段对检疫的单证、印章、标志、封识等作虚假的证明或者出具不真实的结论的；

2.将送检的合格动植物检疫为不合格，或者将不合格动植物检疫为合格的；

3.对明知是不合格的动植物，不检疫而出具合格检疫结果的；

4.其他伪造检疫结果应予追究刑事责任的情形。

（二十七）动植物检疫失职案（第四百一十三条第二款）

动植物检疫失职罪是指出入境检验检疫机关、检验检疫机构工作人员严重不负责任，对应当检疫的检疫物不检疫，或者延误检疫出证、错误出证，致使国家利益遭受重大损失的行为。

涉嫌下列情形之一的，应予立案：

1.导致疫情发生，造成人员重伤或者死亡的；

2.导致重大疫情发生、传播或者流行的；

3.造成个人财产直接经济损失 15 万元以上，或者直接经济损失不满 15 万元，但间接经济损失 75 万元以上的；

4.造成公共财产或者法人、其他组织财产直接经济损失 30 万元以上，或者直接经济损失不满 30 万元，但间接经济损失 150 万元以上的；

5.不检疫或者延误检疫出证、错误出证，引起国际经济贸易纠纷，严重影响国家对外经贸关系，或者严重损害国家声誉的；

6.其他致使国家利益遭受重大损失的情形。

（二十八）放纵制售伪劣商品犯罪行为案（第四百一十四条）

放纵制售伪劣商品犯罪行为罪是指对生产、销售伪劣商品犯罪行为负有追究责任的国家机关工作人员徇私舞弊，不履行法律规定的追究职责，情节严重的行为。

涉嫌下列情形之一的，应予立案：

1.放纵生产、销售假药或者有毒、有害食品犯罪行为的；

2.放纵生产、销售伪劣农药、兽药、化肥、种子犯罪行为的；

3.放纵依法可能判处3年有期徒刑以上刑罚的生产、销售伪劣商品犯罪行为的；

4.对生产、销售伪劣商品犯罪行为不履行追究职责，致使生产、销售伪劣商品犯罪行为得以继续的；

5.3次以上不履行追究职责，或者对3个以上有生产、销售伪劣商品犯罪行为的单位或者个人不履行追究职责的；

6.其他情节严重的情形。

（二十九）办理偷越国（边）境人员出入境证件案（第四百一十五条）

办理偷越国（边）境人员出入境证件罪是指负责办理护照、签证以及其他出入境证件的国家机关工作人员，对明知是企图偷越国（边）境的人员，予以办理出入境证件的行为。

负责办理护照、签证以及其他出入境证件的国家机关工作人员涉嫌在办理护照、签证以及其他出入境证件的过程中，对明知是企图偷越国（边）境的人员而予以办理出入境证件的，应予立案。

（三十）放行偷越国（边）境人员案（第四百一十五条）

放行偷越国（边）境人员罪是指边防、海关等国家机关工作人员，对明知是偷越国（边）境的人员予以放行的行为。

边防、海关等国家机关工作人员涉嫌在履行职务过程中，对明知是偷越国（边）境的人员而予以放行的，应予立案。

（三十一）不解救被拐卖、绑架妇女、儿童案（第四百一十六条第一款）

不解救被拐卖、绑架妇女、儿童罪是指对被拐卖、绑架的妇女、儿童负有解救职责的公安、司法等国家机关工作人员接到被拐卖、绑架的妇女、儿童及其家属的解救要求或者接到其他人的举报，而对被拐卖、绑架的妇女、儿童不进行解救,造成严重后果的行为。

涉嫌下列情形之一的,应予立案:

1. 导致被拐卖、绑架的妇女、儿童或者其家属重伤、死亡或者精神失常的;

2. 导致被拐卖、绑架的妇女、儿童被转移、隐匿、转卖,不能及时进行解救的;

3. 对被拐卖、绑架的妇女、儿童不进行解救 3 人次以上的;

4. 对被拐卖、绑架的妇女、儿童不进行解救,造成恶劣社会影响的;

5. 其他造成严重后果的情形。

(三十二)阻碍解救被拐卖、绑架妇女、儿童案(第四百一十六条第二款)

阻碍解救被拐卖、绑架妇女、儿童罪是指对被拐卖、绑架的妇女、儿童负有解救职责的公安、司法等国家机关工作人员利用职务阻碍解救被拐卖、绑架的妇女、儿童的行为。

涉嫌下列情形之一的,应予立案:

1. 利用职权,禁止、阻止或者妨碍有关部门、人员解救被拐卖、绑架的妇女、儿童的;

2. 利用职务上的便利,向拐卖、绑架者或者收买者通风报信,妨碍解救工作正常进行的;

3. 其他利用职务阻碍解救被拐卖、绑架的妇女、儿童应予追究刑事责任的情形。

(三十三)帮助犯罪分子逃避处罚案(第四百一十七条)

帮助犯罪分子逃避处罚罪是指有查禁犯罪活动职责的司法及公安、国家安全、海关、税务等国家机关工作人员,向犯罪分子通风报信、提供便利,帮助犯罪分子逃避处罚的行为。涉嫌下列情形之一的,应予立案:

1. 向犯罪分子泄漏有关部门查禁犯罪活动的部署、人员、措施、时间、地点等情况的；

2. 向犯罪分子提供钱物、交通工具、通讯设备、隐藏处所等便利条件的；

3. 向犯罪分子泄漏案情的；

4. 帮助、示意犯罪分子隐匿、毁灭、伪造证据，或者串供、翻供的；

5. 其他帮助犯罪分子逃避处罚应予追究刑事责任的情形。

（三十四）招收公务员、学生徇私舞弊案（第四百一十八条）

招收公务员、学生徇私舞弊罪是指国家机关工作人员在招收公务员、省级以上教育行政部门组织招收的学生工作中徇私舞弊，情节严重的行为。

涉嫌下列情形之一的，应予立案：

1. 徇私舞弊，利用职务便利，伪造、变造人事、户口档案、考试成绩或者其他影响招收工作的有关资料，或者明知是伪造、变造的上述材料而予以认可的；

2. 徇私舞弊，利用职务便利，帮助 5 名以上考生作弊的；

3. 徇私舞弊招收不合格的公务员、学生 3 人次以上的；

4. 因徇私舞弊招收不合格的公务员、学生，导致被排挤的合格人员或者其近亲属自杀、自残造成重伤、死亡，或者精神失常的；

5. 因徇私舞弊招收公务员、学生，导致该项招收工作重新进行的；

6. 其他情节严重的情形。

（三十五）失职造成珍贵文物损毁、流失案（第四百一十九条）

失职造成珍贵文物损毁、流失罪是指文物行政部门、公安机关、工商行政管理部门、海关、城乡建设规划部门等国家机关工作人员严重不负责任，造成珍贵文物损毁或者流失，后果严重的行为。

涉嫌下列情形之一的，应予立案：

1. 导致国家一、二、三级珍贵文物损毁或者流失的；

2. 导致全国重点文物保护单位或者省、自治区、直辖市级文物保护单位损毁的；

3. 其他后果严重的情形。

二、国家机关工作人员利用职权实施的侵犯公民人身权利、民主权利犯罪案件

（一）国家机关工作人员利用职权实施的非法拘禁案（第二百三十八条）

非法拘禁罪是指以拘禁或者其他方法非法剥夺他人人身自由的行为。

国家机关工作人员利用职权非法拘禁，涉嫌下列情形之一的，应予立案：

1. 非法剥夺他人人身自由 24 小时以上的；

2. 非法剥夺他人人身自由，并使用械具或者捆绑等恶劣手段，或者实施殴打、侮辱、虐待行为的；

3. 非法拘禁，造成被拘禁人轻伤、重伤、死亡的；

4. 非法拘禁，情节严重，导致被拘禁人自杀、自残造成重伤、死亡，或者精神失常的；

5. 非法拘禁 3 人次以上的；

6. 司法工作人员对明知是没有违法犯罪事实的人而非法拘禁的；

7. 其他非法拘禁应予追究刑事责任的情形。

（二）国家机关工作人员利用职权实施的非法搜查案（第二百四十五条）

非法搜查罪是指非法搜查他人身体、住宅的行为。

国家机关工作人员利用职权非法搜查，涉嫌下列情形之一的，应予立案：

1.非法搜查他人身体、住宅，并实施殴打、侮辱等行为的；

2.非法搜查，情节严重，导致被搜查人或者其近亲属自杀、自残造成重伤、死亡，或者精神失常的；

3.非法搜查，造成财物严重损坏的；

4.非法搜查3人(户)次以上的；

5.司法工作人员对明知是与涉嫌犯罪无关的人身、住宅非法搜查的；

6.其他非法搜查应予追究刑事责任的情形。

（三）刑讯逼供案（第二百四十七条）

刑讯逼供罪是指司法工作人员对犯罪嫌疑人、被告人使用肉刑或者变相肉刑逼取口供的行为。

涉嫌下列情形之一的，应予立案：

1.以殴打、捆绑、违法使用械具等恶劣手段逼取口供的；

2.以较长时间冻、饿、晒、烤等手段逼取口供，严重损害犯罪嫌疑人、被告人身体健康的；

3.刑讯逼供造成犯罪嫌疑人、被告人轻伤、重伤、死亡的；

4.刑讯逼供，情节严重，导致犯罪嫌疑人、被告人自杀、自残造成重伤、死亡，或者精神失常的；

5.刑讯逼供，造成错案的；

6.刑讯逼供3人次以上的；

7.纵容、授意、指使、强迫他人刑讯逼供，具有上述情形之一的；

8.其他刑讯逼供应予追究刑事责任的情形。

（四）暴力取证案（第二百四十七条）

暴力取证罪是指司法工作人员以暴力逼取证人证言的行为。

涉嫌下列情形之一的，应予立案：

1. 以殴打、捆绑、违法使用械具等恶劣手段逼取证人证言的；

2. 暴力取证造成证人轻伤、重伤、死亡的；

3. 暴力取证，情节严重，导致证人自杀、自残造成重伤、死亡，或者精神失常的；

4. 暴力取证，造成错案的；

5. 暴力取证 3 人次以上的；

6. 纵容、授意、指使、强迫他人暴力取证，具有上述情形之一的；

7. 其他暴力取证应予追究刑事责任的情形。

(五)虐待被监管人案(第二百四十八条)

虐待被监管人罪是指监狱、拘留所、看守所、拘役所、劳教所等监管机构的监管人员对被监管人进行殴打或者体罚虐待，情节严重的行为。

涉嫌下列情形之一的，应予立案：

1. 以殴打、捆绑、违法使用械具等恶劣手段虐待被监管人的；

2. 以较长时间冻、饿、晒、烤等手段虐待被监管人，严重损害其身体健康的；

3. 虐待造成被监管人轻伤、重伤、死亡的；

4. 虐待被监管人，情节严重，导致被监管人自杀、自残造成重伤、死亡，或者精神失常的；

5. 殴打或者体罚虐待 3 人次以上的；

6. 指使被监管人殴打、体罚虐待其他被监管人，具有上述情形之一的；

7. 其他情节严重的情形。

(六)报复陷害案(第二百五十四条)

报复陷害罪是指国家机关工作人员滥用职权、假公济私，对控告人、申诉人、批评人、举报人实行打击报复、陷害的行为。

涉嫌下列情形之一的，应予立案：

1. 报复陷害，情节严重，导致控告人、申诉人、批评人、举报人或者其近亲属自杀、自残造成重伤、死亡，或者精神失常的；

2. 致使控告人、申诉人、批评人、举报人或者其近亲属的其他合法权利受到严重损害的；

3. 其他报复陷害应予追究刑事责任的情形。

（七）国家机关工作人员利用职权实施的破坏选举案（第二百五十六条）

破坏选举罪是指在选举各级人民代表大会代表和国家机关领导人员时，以暴力、威胁、欺骗、贿赂、伪造选举文件、虚报选举票数或者编造选举结果等手段破坏选举或者妨害选民和代表自由行使选举权和被选举权，情节严重的行为。

国家机关工作人员利用职权破坏选举，涉嫌下列情形之一的，应予立案：

1. 以暴力、威胁、欺骗、贿赂等手段，妨害选民、各级人民代表大会代表自由行使选举权和被选举权，致使选举无法正常进行，或者选举无效，或者选举结果不真实的；

2. 以暴力破坏选举场所或者选举设备，致使选举无法正常进行的；

3. 伪造选民证、选票等选举文件，虚报选举票数，产生不真实的选举结果或者强行宣布合法选举无效、非法选举有效的；

4. 聚众冲击选举场所或者故意扰乱选举场所秩序，使选举工作无法进行的；

5. 其他情节严重的情形。

三、附　则

1. 本规定中每个罪案名称后所注明的法律条款系《中华人民

共和国刑法》的有关条款。

2.本规定所称“以上”包括本数;有关犯罪数额“不满”,是指已达到该数额百分之八十以上的。

3.本规定中的“国家机关工作人员”,是指在国家机关中从事公务的人员,包括在各级国家权力机关、行政机关、司法机关和军事机关中从事公务的人员。在依照法律、法规规定行使国家行政管理职权的组织中从事公务的人员,或者在受国家机关委托代表国家行使职权的组织中从事公务的人员,或者虽未列入国家机关人员编制但在国家机关中从事公务的人员,在代表国家机关行使职权时,视为国家机关工作人员。在乡(镇)以上中国共产党机关、人民政协机关中从事公务的人员,视为国家机关工作人员。

4.本规定中的“直接经济损失”,是指与行为有直接因果关系而造成的财产损毁、减少的实际价值;“间接经济损失”,是指由直接经济损失引起和牵连的其他损失,包括失去的在正常情况下可以获得的利益和为恢复正常的管理活动或者挽回所造成的损失所支付的各种开支、费用等。

有下列情形之一的,虽然有债权存在,但已无法实现债权的,可以认定为已经造成了经济损失:①债务人已经法定程序被宣告破产,且无法清偿债务;②债务人潜逃,去向不明;③因行为人责任,致使超过诉讼时效;④有证据证明债权无法实现的其他情况。

直接经济损失和间接经济损失,是指立案时确已造成的经济损失。移送审查起诉前,犯罪嫌疑人及其亲友自行挽回的经济损失,以及由司法机关或者犯罪嫌疑人所在单位及其上级主管部门挽回的经济损失,不予扣减,但可作为对犯罪嫌疑人从轻处理的情节考虑。

5.本规定中的“徇私舞弊”,是指国家机关工作人员为徇私情、私利,故意违背事实和法律,伪造材料,隐瞒情况,弄虚作假的行为。

6.本规定自公布之日起施行。本规定发布前有关人民检察院直接受理立案侦查的国家机关工作人员渎职和利用职权实施的侵犯公民人身权利、民主权利犯罪案件的立案标准,与本规定有重复或者不一致的,适用本规定。

对于本规定施行前发生的国家机关工作人员渎职和利用职权实施的侵犯公民人身权利、民主权利犯罪案件,按照《最高人民法院、最高人民检察院关于适用刑事司法解释时间效力问题的规定》办理。

第二节 安全生产渎职侵权犯罪立案标准及常见疑问

关于渎职罪,《刑法》(1997年)第三百九十七条规定:"国家机关工作人员滥用职权或者玩忽职守,致使公共财产、国家和人民利益遭受重大损失的,处三年以下有期徒刑或者拘役;情节特别严重的,处三年以上七年以下有期徒刑。本法另有规定的,依照规定。

国家机关工作人员徇私舞弊,犯前款罪的,处五年以下有期徒刑或者拘役;情节特别严重的,处五年以上十年以下有期徒刑。本法另有规定的,依照规定。"

这里强调"致使公共财产、国家和人民利益遭受重大损失",国家机关工作人员有哪些?人民利益包括哪些?如何才算"重大损失"?这些问题,在以往的司法实践中一直难以操作,增加了渎职罪的追究难度,对安全生产的影响,就是明显削弱了对安全生产违法行为的打击力度。如对重大矿难的渎职犯罪追究往往找不到充足的法律依据,使一些不法分子得不到相应的法律追究。

2006年7月26日,最高人民检察院公布《最高人民检察院关于渎职侵权犯罪案件立案标准的规定》(简称《立案标准》,下同),对国家机关工作人员的渎职、侵权犯罪作出了详细的规定,共计42个罪名,221项立案情形。其中,渎职犯罪案中,共有35个罪名，有关安全生产的罪名 2 个，即滥用职权、玩忽职守犯罪，共计 18 种立案情形。对安全生产违法行为的打击做到了标准具体，可操作性强，这就会充分发挥刑法的威慑力。

一、修订渎职侵权犯罪立案标准是形势所需

修订“渎职侵权犯罪立案标准”是适应经济社会发展新形势和司法实践新要求的产物。

1999 年 9 月 16 日《最高人民检察院关于人民检察院直接受理立案侦查案件立案标准的规定(试行)》公布实施以来，全国各级检察机关认真履行查办渎职侵权犯罪案件的检察职能，有力地惩治了国家机关工作人员渎职和利用职权实施的侵犯公民人身权利、民主权利犯罪。但是，随着社会的发展和形势的变化，原来立案标准中的一些规定已不适应新形势下惩治渎职侵权犯罪工作的需要。这次修订的“渎职侵权犯罪立案标准”，是适应经济社会发展新形势和司法实践新要求的产物。

1. 反映了法制建设的最新成果。由于改革开放不断深入，我国的政治、经济、文化建设取得了很大的成就，形势也发生了很大变化。为适应形势发展的需要，国家制定了一批新的法律法规，并对一些法律法规作出了修订、补充。不少新的法律法规都涉及国家机关工作人员渎职侵权犯罪。这些最新的法制建设成果，应当在司法解释中加以反映。

2. 适应了经济社会的发展需要。随着我国经济体制改革和政治体制改革的进一步深化，国家权力的配置和运行、人民群众对法制的需求都出现了新的特点，国家机关工作人员渎职侵权犯罪也呈现出很多新的表现形式，立案标准也必须随之作出相应的调整。

3. 司法实践中遇到的大量具体问题急需通过修订立案标准来加以解决。过去的立案标准中有的条款过于笼统，不够具体，致使一些犯罪无法得到有效查处，修订立案标准已成为司法实践的迫

切需要。

二、渎职侵权犯罪立案标准修订后的新特点

(一)犯罪主体范围更加明确

根据刑法的规定,渎职罪的犯罪主体是国家机关工作人员。由于此前未对国家机关工作人员作出明确规定,致使渎职罪主体问题成为长期困扰司法实践的一个突出问题。这次修订后的“渎职侵权犯罪立案标准”在吸收立法成果的基础上,对渎职侵权案件中国家机关工作人员的概念和范围作出了明确的界定。

(二)保障人权的价值取向更加突出

一方面,此次“渎职侵权犯罪立案标准”的修改,自始至终体现了“国家尊重和保障人权”的宪法原则,通篇贯穿了保障人权的价值取向,并且认真落实到具体条款中。

另一方面,对“手段残忍、影响恶劣”予以具体明确的规定。保护人权,尤其是加强诉讼活动中的人权保护,是反渎职侵权工作的重要职能。在过去的“渎职侵权犯罪立案标准”中,侵权手段表述较为笼统,多以“手段残忍、影响恶劣”予以概括。

新的“渎职侵权犯罪立案标准”对此进行了修订,以列举方式明晰了“手段残忍、影响恶劣”的侵权手段的表述,更有利于检察机关加大对恶劣侵权行为的惩治力度,这既是司法实践的现实反映,也是保护人权、维护执法公正的必然要求。

(三)保护个人合法财产更加注重

在过去的《立案标准》中,以滥用职权案、玩忽职守案为代表的渎职案件,未对公共财产损失和个人财产损失进行区别,司法实践中基本上是按同一标准执行。

《立案标准》对此作了调整,如对滥用职权案、玩忽职守案、执行判决、裁定失职案、环境监管失职案、商检失职案、动植物检疫失

职案等都明确规定造成个人财产直接经济损失达到法定数额的应予立案。规定渎职行为给个人造成经济损失的数额标准，体现了对公民财产权利的保护，适应了社会发展和司法实践的需求，保障了执法的平衡性和协调性。

（四）惩治渎职侵权犯罪的可操作性大大加强

在遵循立法原义的基础上突出了实用操作性，主要体现在以下几个方面：

1. 对42个渎职侵权犯罪罪名的立案标准规定了221项立案情形，比1999年的“立案标准（试行）”增加61项。

2. 对渎职侵权案件中国家机关工作人员的概念和范围作出了明确的界定。

3. 对“手段残忍、影响恶劣”予以具体明确的规定。

4. 明确规定渎职行为给个人造成经济损失的数额标准。

5. 明确了对权力干预型渎职犯罪的惩治。

6. 其可操作性，使惩治渎职侵权犯罪的法网更加周密和严谨，对追究安全生产事故责任将会更加有规可循。

三、什么是滥用职权罪？

滥用职权罪是指国家机关工作人员超越职权，违法决定、处理其无权决定、处理的事项，或者违反规定处理公务，致使公共财产、国家和人民利益遭受重大损失的行为。

四、滥用职权罪立案标准

涉嫌下列情形之一的，应予立案：

（1）造成死亡1人以上，或者重伤2人以上，或者重伤1人、轻伤3人以上，或者轻伤5人以上的；

（2）导致10人以上严重中毒的；

（3）造成个人财产直接经济损失10万元以上，或者直接经济损失不满 10 万元，但间接经济损失 50 万元以上的；

(4)造成公共财产或者法人、其他组织财产直接经济损失 20 万元以上，或者直接经济损失不满 20 万元，但间接经济损失 100 万元以上的；

(5)虽未达到(3)、(4)两项数额标准，但(3)、(4)两项合计直接经济损失 20 万元以上，或者合计直接经济损失不满 20 万元，但合计间接经济损失 100 万元以上的；

(6)造成公司、企业等单位停业、停产 6 个月以上，或者破产的；

(7)弄虚作假，不报、缓报、谎报或者授意、指使、强令他人不报、缓报、谎报情况，导致重特大事故危害结果继续、扩大，或者致使抢救、调查、处理工作延误的；

(8)严重损害国家声誉，或者造成恶劣社会影响的；

(9)其他致使公共财产、国家和人民利益遭受重大损失的情形。

国家机关工作人员滥用职权，符合刑法第九章所规定的特殊渎职罪构成要件的，按照该特殊规定追究刑事责任；主体不符合刑法第九章所规定的特殊渎职罪的主体要件，但滥用职权涉嫌前款第(1)～(9)项规定情形之一的，按照刑法第三百九十七条的规定以滥用职权罪追究刑事责任。

五、什么是玩忽职守罪？

玩忽职守罪是指国家机关工作人员严重不负责任，不履行或者不认真履行职责，致使公共财产、国家和人民利益遭受重大损失的行为。

六、玩忽职守罪立案标准

涉嫌下列情形之一的，应予立案：

(1)造成死亡1人以上,或者重伤3人以上,或者重伤2人、轻伤4人以上,或者重伤1人、轻伤7人以上,或者轻伤10人以上的;

(2)导致20人以上严重中毒的;

(3)造成个人财产直接经济损失15万元以上,或者直接经济损失不满15万元,但间接经济损失75万元以上的;

(4)造成公共财产或者法人、其他组织财产直接经济损失30万元以上,或者直接经济损失不满30万元,但间接经济损失150万元以上的;

(5)虽未达到(3)、(4)两项数额标准,但(3)、(4)两项合计直接经济损失30万元以上,或者合计直接经济损失不满30万元,但合计间接经济损失150万元以上的;

(6)造成公司、企业等单位停业、停产1年以上,或者破产的;

(7)海关、外汇管理部门的工作人员严重不负责任,造成100万美元以上外汇被骗购或者逃汇1000万美元以上的;

(8)严重损害国家声誉,或者造成恶劣社会影响的;

(9)其他致使公共财产、国家和人民利益遭受重大损失的情形。

国家机关工作人员玩忽职守,符合刑法第九章所规定的特殊渎职罪构成要件的,按照该特殊规定追究刑事责任;主体不符合刑法第九章所规定的特殊渎职罪的主体要件,但玩忽职守涉嫌前款第(1)~(9)项规定情形之一的,按照刑法第三百九十七条的规定以玩忽职守罪追究刑事责任。

七、何谓"国家机关工作人员"?

根据《最高人民检察院关于渎职侵权犯罪案件立案标准的规定》,国家机关工作人员,是指在国家机关中从事公务的人员,包括在各级国家权力机关、行政机关、司法机关和军事机关中从事公务的人员。在依照法律、法规规定行使国家行政管理职权的组织中从事公务的人员，或者在受国家机关委托代表国家行使职权的组织中从事公务的人员，或者虽未列入国家机关人员编制但在国家机关中从事公务的人员，在代表国家机关行使职权时，视为国家机关工作人员。在乡(镇)以上中国共产党机关、人民政协机关中从事公务的人员，视为国家机关工作人员。

八、未列入国家编制的公务人员，如借调、临时聘用人员是否属于国家机关工作人员？

根据《立案标准》中所述国家机关工作人员定义可知，只要在机关工作，履行机关管理职能形式职权的，在履行职权的过程中，实施的渎职犯罪也应该以渎职侵权罪论处。

九、如何计算直接经济损失与间接损失？

《立案标准》“直接经济损失”，是指与行为有直接因果关系而造成的财产损毁、减少的实际价值；“间接经济损失”，是指由直接经济损失引起和牵连的其他损失，包括失去的在正常情况下可以获得的利益和为恢复正常的管理活动或者挽回所造成的损失所支付的各种开支、费用等。

有下列情形之一的，虽然有债权存在，但已无法实现债权的，可以认定为已经造成了经济损失：

(1)债务人已经法定程序被宣告破产，且无法清偿债务；

(2)债务人潜逃，去向不明；

(3)因行为人责任，致使超过诉讼时效；

(4)有证据证明债权无法实现的其他情况。

直接经济损失和间接经济损失，是指立案时确已造成的经济损失。移送审查起诉前，犯罪嫌疑人及其亲友自行挽回的经济损失，以及由司法机关或者犯罪嫌疑人所在单位及其上级主管部门挽回的经济损失,不予扣减,但可作为对犯罪嫌疑人从轻处理的情节考虑。

但是,对于安全生产事故,国家已经有明确的事故损失的计算标准《企业职工伤亡事故经济损失统计标准》(GB 6721—1986),因此,根据下位法服从上位法、普通法服从特殊法的原则,安全生产事故经济损失应按照该标准进行计算。特殊情况下,《立案标准》的上述规定,可以进行参照补充。

第四章 《安全生产领域违法违纪行为政纪处分暂行规定》解读

第一节 安全生产领域违法违纪行为政纪处分暂行规定

安全生产领域违法违纪行为政纪处分暂行规定

国家安全生产监督管理总局令 第 11 号

《安全生产领域违法违纪行为政纪处分暂行规定》已经监察部 2006 年 10 月 30 日第 8 次部长办公会议、国家安全生产监督管理总局 2006 年 9 月 26 日第 23 次局长办公会议通过，现予以公布，自公布之日起施行。

监察部部长：李至伦
国家安全监管总局局长：李毅中
二〇〇六年十一月二十二日

安全生产领域违法违纪行为政纪处分暂行规定

第一条 为了加强安全生产工作,惩处安全生产领域违法违纪行为,促进安全生产法律法规的贯彻实施,保障人民群众生命财产和公共财产安全,根据《中华人民共和国行政监察法》、《中华人民共和国安全生产法》及其他有关法律法规,制定本规定。

第二条 国家行政机关及其公务员,企业、事业单位中由国家行政机关任命的人员有安全生产领域违法违纪行为,应当给予处分的,适用本规定。

第三条 有安全生产领域违法违纪行为的国家行政机关,对其直接负责的主管人员和其他直接责任人员,以及对有安全生产领域违法违纪行为的国家行政机关公务员(以下统称有关责任人员),由监察机关或者任免机关按照管理权限,依法给予处分。

有安全生产领域违法违纪行为的企业、事业单位,对其直接负责的主管人员和其他直接责任人员,以及对有安全生产领域违法违纪行为的企业、事业单位工作人员中由国家行政机关任命的人员(以下统称有关责任人员),由监察机关或者任免机关按照管理权限,依法给予处分。

第四条 国家行政机关及其公务员有下列行为之一的,对有关责任人员,给予警告、记过或者记大过处分;情节较重的,给予降级或者撤职处分;情节严重的,给予开除处分:

(一)不执行国家安全生产方针政策和安全生产法律、法规、规章以及上级机关、主管部门有关安全生产的决定、命令、指示的;

(二)制定或者采取与国家安全生产方针政策以及安全生产法律、法规、规章相抵触的规定或者措施,造成不良后果或者经上级机关、有关部门指出仍不改正的。

第五条 国家行政机关及其公务员有下列行为之一的,对有关责任人员，给予警告、记过或者记大过处分；情节较重的，给予降级或者撤职处分；情节严重的，给予开除处分：

（一）向不符合法定安全生产条件的生产经营单位或者经营者颁发有关证照的；

（二）对不具备法定条件机构、人员的安全生产资质、资格予以批准认定的；

（三）对经责令整改仍不具备安全生产条件的生产经营单位，不撤销原行政许可、审批或者不依法查处的；

（四）违法委托单位或者个人行使有关安全生产的行政许可权或者审批权的；

（五）有其他违反规定实施安全生产行政许可或者审批行为的。

第六条 国家行政机关及其公务员有下列行为之一的，对有关责任人员，给予警告、记过或者记大过处分；情节较重的，给予降级或者撤职处分；情节严重的，给予开除处分：

（一）批准向合法的生产经营单位或者经营者超量提供剧毒品、火工品等危险物资，造成后果的；

（二）批准向非法或者不具备安全生产条件的生产经营单位或者经营者，提供剧毒品、火工品等危险物资或者其他生产经营条件的。

第七条 国家行政机关公务员利用职权或者职务上的影响，违反规定为个人和亲友谋取私利，有下列行为之一的，给予警告、记过或者记大过处分；情节较重的，给予降级或者撤职处分；情节严重的，给予开除处分：

（一）干预、插手安全生产装备、设备、设施采购或者招标投标等活动的；

（二）干预、插手安全生产行政许可、审批或者安全生产监督执法的；

（三）干预、插手安全生产中介活动的；

（四）有其他干预、插手生产经营活动危及安全生产行为的。

第八条 国家行政机关及其公务员有下列行为之一的，对有关责任人员，给予警告、记过或者记大过处分；情节较重的，给予降级或者撤职处分；情节严重的，给予开除处分：

（一）未按照有关规定对有关单位申报的新建、改建、扩建工程项目的安全设施，与主体工程同时设计、同时施工、同时投入生产和使用中组织审查验收的；

（二）发现存在重大安全隐患，未按规定采取措施，导致生产安全事故发生的；

（三）对发生的生产安全事故瞒报、谎报、拖延不报，或者组织、参与瞒报、谎报、拖延不报的；

（四）生产安全事故发生后，不及时组织抢救的；

（五）对生产安全事故的防范、报告、应急救援有其他失职、渎职行为的。

第九条 国家行政机关及其公务员有下列行为之一的，对有关责任人员，给予警告、记过或者记大过处分；情节较重的，给予降级或者撤职处分；情节严重的，给予开除处分：

（一）阻挠、干涉生产安全事故调查工作的；

（二）阻挠、干涉对事故责任人员进行责任追究的；

（三）不执行对事故责任人员的处理决定，或者擅自改变上级机关批复的对事故责任人员的处理意见的。

第十条 国家行政机关公务员有下列行为之一的，给予警告、记过或者记大过处分；情节较重的，给予降级或者撤职处分；情节严重的，给予开除处分：

（一）本人及其配偶、子女及其配偶违反规定在煤矿等企业投资入股或者在安全生产领域经商办企业的；

（二）违反规定从事安全生产中介活动或者其他营利活动的；

（三）在事故调查处理时，滥用职权、玩忽职守、徇私舞弊的；

（四）利用职务上的便利，索取他人财物，或者非法收受他人财物，在安全生产领域为他人谋取利益的。

对国家行政机关公务员本人违反规定投资入股煤矿的处分，法律、法规另有规定的，从其规定。

第十一条 国有企业及其工作人员有下列行为之一的，对有关责任人员，给予警告、记过或者记大过处分；情节较重的，给予降级、撤职或者留用察看处分；情节严重的，给予开除处分：

（一）未取得安全生产行政许可及相关证照或者不具备安全生产条件从事生产经营活动的；

（二）弄虚作假，骗取安全生产相关证照的；

（三）出借、出租、转让或者冒用安全生产相关证照的；

（四）未按照有关规定保证安全生产所必需的资金投入，导致产生重大安全隐患的；

（五）新建、改建、扩建工程项目的安全设施，不与主体工程同时设计、同时施工、同时投入生产和使用，或者未按规定审批、验收，擅自组织施工和生产的；

（六）被依法责令停产停业整顿、吊销证照、关闭的生产经营单位，继续从事生产经营活动的。

第十二条 国有企业及其工作人员有下列行为之一，导致生产安全事故发生的，对有关责任人员，给予警告、记过或者记大过处分；情节较重的，给予降级、撤职或者留用察看处分；情节严重的，给予开除处分：

（一）对存在的重大安全隐患，未采取有效措施的；

（二）违章指挥，强令工人违章冒险作业的；

（三）未按规定进行安全生产教育和培训并经考核合格，允许从业人员上岗，致使违章作业的；

（四）制造、销售、使用国家明令淘汰或者不符合国家标准的设施、设备、器材或者产品的；

（五）超能力、超强度、超定员组织生产经营，拒不执行有关部门整改指令的；

（六）拒绝执法人员进行现场检查或者在被检查时隐瞒事故隐患，不如实反映情况的；

（七）有其他不履行或者不正确履行安全生产管理职责的。

第十三条 国有企业及其工作人员有下列行为之一的，对有关责任人员，给予记过或者记大过处分；情节较重的，给予降级、撤职或者留用察看处分；情节严重的，给予开除处分：

（一）对发生的生产安全事故瞒报、谎报或者拖延不报的；

（二）组织或者参与破坏事故现场、出具伪证或者隐匿、转移、篡改、毁灭有关证据，阻挠事故调查处理的；

（三）生产安全事故发生后，不及时组织抢救或者擅离职守的。

生产安全事故发生后逃匿的，给予开除处分。

第十四条 国有企业及其工作人员不执行或者不正确执行对事故责任人员作出的处理决定，或者擅自改变上级机关批复的对事故责任人员的处理意见的，对有关责任人员，给予警告、记过或者记大过处分；情节较重的，给予降级、撤职或者留用察看处分；情节严重的，给予开除处分。

第十五条 国有企业负责人及其配偶、子女及其配偶违反规定在煤矿等企业投资入股或者在安全生产领域经商办企业的，对由国家行政机关任命的人员，给予警告、记过或者记大过处分；情节较重的，给予降级、撤职或者留用察看处分；情节严重的，给予开除处分。

第十六条 承担安全评价、培训、认证、资质验证、设计、检测、检验等工作的机构及其工作人员，出具虚假报告等与事实不符的文件、材料，造成安全生产隐患的，对有关责任人员，给予警告、记过或者记大过处分；情节较重的，给予降级、降职或者撤职处分；情节严重的，给予开除留用察看或者开除处分。

第十七条 法律、法规授权的具有管理公共事务职能的组织以及国家行政机关依法委托的组织及其工勤人员以外的工作人员有安全生产领域违法违纪行为，应当给予处分的，参照本规定执行。

企业、事业单位中除由国家行政机关任命的人员外，其他人员有安全生产领域违法违纪行为，应当给予处分的，由企业、事业单位参照本规定执行。

第十八条 有安全生产领域违法违纪行为，需要给予组织处理的，依照有关规定办理。

第十九条 有安全生产领域违法违纪行为，涉嫌犯罪的，移送司法机关依法处理。

第二十条 本规定由监察部和国家安全生产监督管理总局负责解释。

第二十一条 本规定自公布之日起施行。

第二节 《安全生产领域违法违纪行为政纪处分暂行规定》解读

《安全生产领域违法违纪行为政纪处分暂行规定》（以下简称《暂行规定》）经监察部 2006 年 10 月 30 日第 8 次部长办公会议、国家安全生产监督管理总局 2006 年 9 月 26 日第 23 次局长办公会议通过，2006 年 11 月 22 日，监察部、国家安全监管总局联合公布施行。

《暂行规定》，是我国第一部关于安全生产领域政纪处分方面的部门规章。这部规章对安全生产领域中各类违法违纪行为及其处分量纪标准作出明确规定，是查处安全生产领域违法违纪案件的重要依据,《暂行规定》体现了预防为主,是从源头上强化政府安全监管主体、企业安全责任主体应负责任的重要措施。它的颁布实施,对于切实加强安全生产工作,惩处安全生产领域违法违纪行为,促进安全生产法律法规的贯彻实施,落实各级安全生产责任制,保障人民群众生命财产安全,落实科学发展观,构建社会主义和谐社会,具有重大意义。

一、《暂行规定》的立法背景

近年来,在生产安全事故查处中发现,许多重特大事故的背后几乎都存在违法违纪问题,有的甚至出现腐败现象。2005 年,全国煤矿共发生一次死亡 30 人以上的特别重大事故 11 起,在事故调查中发现存在权钱交易、官商勾结问题的有 5 起,占 46%。2006 年发生的陕西省延安市子长县瓦窑堡煤矿"4·29"特别重大瓦斯爆炸事故、山西省大同市左云县张家场乡新井煤矿"5·18"特别重大透水事故,都存在官商勾结、权钱交易的腐败问题。腐败掩护违法,违法酿成事故,事故造成灾难。国家安全生产监督总局及时将此情况向中央纪委进行了汇报。在 2006 年年初召开的中央纪委六次全会和国务院第四次廉政工作会议都把查处安全生产领域的腐败行为作为解决损害群众切身利益的突出问题,纳入了党和政府反腐败工作之中。3 月 27 日中央政治局第 30 次集体学习时,胡锦涛总书记发表重要讲话强调指出,要抓好安全生产领域的党风廉政建设和反腐败工作,严厉查处隐藏在事故背后的权钱交易、官商勾结等行为和失职渎职现象。温家宝总理在 2006 年的政府工作报告中指出,一些地方的领导干部和工作人员严重失职渎职,甚至徇私舞弊,强调要加大安全生产事故责任追究和处罚力度,严肃查处安全生产领域的失职渎职和腐败问题。9 月 1 日又作出重要批示,要研究制定重特大安全事故责任追究制度,规范党纪政纪处分执行程序,做到有法可依,执法必严。

针对当前生产安全事故中的腐败问题，结合胡锦涛总书记、温家宝总理和吴官正同志的讲话和批示精神，中央纪委、监察部和安监总局研究决定，联合制定《安全生产领域违法违纪行为政纪处分暂行规定》。

制定《暂行规定》是落实中央纪委第六次全会和国务院第四次廉政工作会议要求，抓好安全生产的一项重要措施。通过贯彻实施《暂行规定》，依法查处官商勾结、权钱交易等腐败行为，遏制重特大生产安全事故的发生，在解决安全生产等群众反映强烈的问题上取得新进展。

二、《暂行规定》的立法宗旨

（一）直接立法宗旨：打击危害安全生产的腐败行为

从近年来生产安全事故数据中可以发现，安全生产领域违法违纪与事故密切相关，国家也高度重视。胡锦涛总书记、温家宝总理多次强调，要抓好安全生产领域的党风廉政建设和反腐败工作，严厉查处隐藏在事故背后的权钱交易、官商勾结等行为，并制定重特大安全事故责任追究制度，规范党纪政纪处分执行程序，做到有法可依，执法必严。

因此，严厉打击官商勾结、权钱交易等危害安全生产的腐败行为，是《暂行规定》的直接立法宗旨。

（二）长远立法宗旨：源头控制，预防为主，重在治本

《暂行规定》对国家行政机关及其公务员在安全生产领域的相关违法违纪行为，包括7类25种情形。国有企业及其工作人员在安全生产领域的相关违法违纪行为，包括5类18种情形。对事业单位、中介组织及其工作人员的相关违法违纪行为也进行了具体规定。

这些安全生产违法违纪行为情形有一个前所未有的共同特

点，即这些行为都是法律上的行为犯——只要发生某种规定的安全生产违法违纪行为，譬如弄虚作假，骗取安全生产相关证照，不管结果是否导致事故，都要进行政纪处分。只有极少的行为情形是结果犯——不仅要发生某种安全生产违法违纪行为，这种行为还要造成了某种后果，如因安全投入不足，不具备基本的安全生产条件，导致事故、事故恶化等，才会受到政纪处分。

同时，在这些违法违纪情形中，有许多具有强化安全生产、提高本质安全可靠性、事前防范事故的特点。如未按照有关规定保证安全生产所必需的资金投入，导致产生重大安全隐患；未取得安全生产行政许可及相关证照或者不具备安全生产条件从事生产经营活动；新建、改建、扩建工程项目的安全设施，不与主体工程同时设计、同时施工、同时投入生产和使用，或者未按规定审批、验收，擅自组织施工和生产。

注重从源头上强化政府安全监管主体、企业安全责任主体应负责任的落实，消除生产过程中的不安全行为，而不仅是注重行为的后果，集中体现了安全第一、预防为主的安全生产方针和源头控制、重在治本的科学思想，对于抓好安全生产至为重要。

因此，源头控制，预防为主，重在治本，是《暂行规定》的又一立法宗旨。

（三）依法问责的立法宗旨：三位一体，责任共担，共保安全

《暂行规定》的适用范围，从严格意义上讲，只适用国家行政机关及其公务员，企业、事业单位中由国家行政机关任命的人员有安全生产领域违法违纪行为，应当给予处分的情形。

但是，《暂行规定》的第十七条又明确了一种参照本规定执行的两种情形：①法律法规授权的具有管理公共事务职能的组织以及国家行政机关依法委托的组织及其工勤人员以外的工作人员有安全生产领域违法违纪行为，应当给予处分的，参照本规定执行；②企业、事业单位中除由国家行政机关任命的人员外，其他人员有

安全生产领域违法违纪行为，应当给予处分的，由企业、事业单位参照本规定执行。这实际上又涵盖了企事业单位和中介组织中的所有人员。

因此，《暂行规定》的适用范围包括国家行政机关、企事业单位和中介组织中的所有人员。只是对国家行政机关及其公务员，企业、事业单位中由国家行政机关任命的人员必须严格按照本规定执行，而对于法律法规授权的具有管理公共事务职能的组织以及国家行政机关依法委托的组织及其工勤人员以外的工作人员，企业、事业单位中除由国家行政机关任命的人员外的其他人员，是参照本规定执行。

此处的"按照"与"参照"虽然有一字之差，但是，从立法原义上讲，并无区别。

因此，要求国家机关及其公务员、国有企业及其工作人员、事业单位、中介组织保持监管主体、责任主体、服务主体"三位一体"，根据各自职责实现安全生产职责，实现责任共担，共保安全，是《暂行规定》依法问责的立法宗旨。

（四）根本立法宗旨：落实责任，依法惩处，防范事故

《暂行规定》对安全生产领域中各类违法违纪行为及其处分量纪标准作出明确规定，从而可以依法惩处安全生产领域违法违纪行为，这无疑是一项促进安全生产法律法规的贯彻实施，加强安全生产工作的重要举措。因此，落实各级安全生产责任制，依法惩处安全生产领域违法违纪行为，有效防范各类事故的发生，保障人民群众生命财产和公共财产安全，构建和谐社会是《暂行规定》的根本宗旨。

三、《暂行规定》的法律依据

《暂行规定》依据的法律，主要是《行政监察法》、《安全生产

法》,也包括其他有关法律法规。

四、《暂行规定》的适用范围

《暂行规定》的适用范围包括国家行政机关、企事业单位和中介组织中的所有人员。只是对国家行政机关及其公务员,企业、事业单位中由国家行政机关任命的人员必须严格按照本规定执行。而对于法律法规授权的具有管理公共事务职能的组织以及国家行政机关依法委托的组织及其工勤人员以外的工作人员,企业、事业单位中除由国家行政机关任命的人员外的其他人员,是参照本规定执行。

虽然"按照"与"参照"有一字之差,但是,从立法原义上讲,并无区别。这一点对于《暂行规定》的实际运用非常重要,切不能认为只适用国家行政机关及其公务员,企业、事业单位中由国家行政机关任命的人员,而不适用法律法规授权的具有管理公共事务职能的组织以及国家行政机关依法委托的组织及其工勤人员以外的工作人员,企业、事业单位中除由国家行政机关任命的人员外的其他人员。如若不然,执法主体缺失就会出现重大失误,让具有安全生产违法违纪行为,应当受到处分的人逍遥法外,削弱了《暂行规定》的威慑力和实际效力。

五、《暂行规定》的执法主体

《暂行规定》的执法主体,主要包括监察机关、任免机关和企业、事业单位。具体如下。

1. 有安全生产领域违法违纪行为的国家行政机关,对其直接负责的主管人员和其他直接责任人员,以及对有安全生产领域违法违纪行为的国家行政机关公务员(以下统称有关责任人员),由监察机关或者任免机关按照管理权限,依法给予处分。

2. 有安全生产领域违法违纪行为的企业、事业单位,对其直接负责的主管人员和其他直接责任人员，以及对有安全生产领域违法违纪行为的企业、事业单位工作人员中由国家行政机关任命的人员（以下统称有关责任人员），由监察机关或者任免机关按照管理权限，依法给予处分。

3. 企业、事业单位中除由国家行政机关任命的人员外，其他人员有安全生产领域违法违纪行为，应当给予处分的，由企业、事业单位参照本规定执行。

六、《暂行规定》的执行主体

《暂行规定》的执行主体，既包括有安全生产领域违法违纪行为的国家行政机关、企业单位、事业单位的直接负责的主管人员，也包括有安全生产领域违法违纪行为的国家行政机关、企业单位、事业单位的直接责任人员和其他责任人员；既包括由国家行政机关任命的人员，也包括非由国家行政机关任命的其他相关人员。

七、《暂行规定》的行政处分种类

针对安全生产领域违法违纪行为的类别和表现，《暂行规定》依据有关法律法规，对相关人员的处分种类如下：

（一）对公务员的处分种类（6 种）

1. 警告
2. 记过
3. 记大过
4. 降级
5. 撤职
6. 开除

（二）对国有企业工作人员的处分种类（7 种）

1. 警告

2.记过

3.记大过

4.降级

5.撤职

6.留用察看

7.开除

(三)对事业单位及中介组织工作人员的处分种类(8种)

1.警告

2.记过

3.记大过

4.降级

5.降职

6.撤职

7.留用察看

8.开除

八、国家行政机关及其公务员相关违法违纪行为及相应处分

《暂行规定》对国家行政机关及其公务员在安全生产领域的相关违法违纪行为,归纳为7类25种情形。具体情形及相应处分如下:

(一)不执行或者违背安全生产法律法规规章的行为

1.两种情形

(1)不执行国家安全生产方针政策和安全生产法律、法规、规章以及上级机关、主管部门有关安全生产的决定、命令、指示;

(2)制定或者采取与国家安全生产方针政策以及安全生产法律、法规、规章相抵触的规定或者措施,造成不良后果或者经上级机关、有关部门指出仍不改正。

2. 相应处分

国家行政机关及其公务员有上述行为之一的，对有关责任人员，给予警告、记过或者记大过处分；情节较重的，给予降级或者撤职处分；情节严重的，给予开除处分。

（二）违法违规实施行政许可的行为

1. 五种情形

（1）向不符合法定安全生产条件的生产经营单位或者经营者颁发有关证照；

（2）对不具备法定条件机构、人员的安全生产资质、资格予以批准认定；

（3）对经责令整改仍不具备安全生产条件的生产经营单位，不撤销原行政许可、审批或者不依法查处；

（4）违法委托单位或者个人行使有关安全生产的行政许可权或者审批权；

（5）有其他违反规定实施安全生产行政许可或者审批行为。

2. 相应处分

国家行政机关及其公务员有上述行为之一的，对有关责任人员，给予警告、记过或者记大过处分；情节较重的，给予降级或者撤职处分；情节严重的，给予开除处分。

（三）违法批准危险物资供应或者其他生产经营条件的行为

1. 两种情形

（1）批准向合法的生产经营单位或者经营者超量提供剧毒品、火工品等危险物资，造成后果；

（2）批准向非法或者不具备安全生产条件的生产经营单位或者经营者，提供剧毒品、火工品等危险物资或者其他生产经营条件。

2.相应处分

国家行政机关及其公务员有上述行为之一的，对有关责任人员，给予警告、记过或者记大过处分；情节较重的，给予降级或者撤职处分；情节严重的，给予开除处分。

（四）干预插手安全生产经营活动以及安全生产行政许可、监督执法、中介活动等行为

1.四种情形

(1)干预、插手安全生产装备、设备、设施采购或者招标投标等活动；

(2)干预、插手安全生产行政许可、审批或者安全生产监督执法；

(3)干预、插手安全生产中介活动；

(4)其他干预、插手生产经营活动危及安全生产的行为。

2.相应处分

国家行政机关公务员利用职权或者职务上的影响，违反规定为个人和亲友谋取私利，有上述行为之一的，给予警告、记过或者记大过处分；情节较重的，给予降级或者撤职处分；情节严重的，给予开除处分。

（五）对工程项目未按照“三同时”规定组织审查验收，对生产安全事故瞒报、谎报，或者不及时组织抢救等行为

1.五种情形

(1)未按照有关规定对有关单位申报的新建、改建、扩建工程项目的安全设施，与主体工程同时设计、同时施工、同时投入生产和使用中组织审查验收；

(2)发现存在重大安全隐患，未按规定采取措施，导致生产安全事故发生；

(3)对发生的生产安全事故瞒报、谎报、拖延不报，或者组织、参与瞒报、谎报、拖延不报；

(4)生产安全事故发生后，不及时组织抢救；

(5)对生产安全事故的防范、报告、应急救援有其他失职、渎职行为。

2.相应处分

国家行政机关及其公务员有上述行为之一的,对有关责任人员,给予警告、记过或者记大过处分;情节较重的,给予降级或者撤职处分;情节严重的,给予开除处分。

(六)妨碍事故调查处理和不执行事故处理决定的行为

1.三种情形

(1)阻挠、干涉生产安全事故调查工作;

(2)阻挠、干涉对事故责任人员进行责任追究;

(3)不执行对事故责任人员的处理决定,或者擅自改变上级机关批复的对事故责任人员的处理意见。

2.相应处分

国家行政机关及其公务员有上述行为之一的,对有关责任人员,给予警告、记过或者记大过处分;情节较重的,给予降级或者撤职处分;情节严重的,给予开除处分。

(七)违规参与经济活动及徇私舞弊等行为

1.四种情形

(1)本人及其配偶、子女及其配偶违反规定在煤矿等企业投资入股或者在安全生产领域经商办企业;

(2)违反规定从事安全生产中介活动或者其他营利活动;

(3)在事故调查处理时,滥用职权、玩忽职守、徇私舞弊;

(4)利用职务上的便利,索取他人财物,或者非法收受他人财物,在安全生产领域为他人谋取利益。

2.相应处分

国家行政机关公务员有上述行为之一的,给予警告、记过或者记大过处分;情节较重的,给予降级或者撤职处分;情节严重的,给予开除处分。

对国家行政机关公务员本人违反规定投资入股煤矿的处分，法律、法规另有规定的，从其规定。

九、国有企业及其工作人员相关违法违纪行为及相应处分

国有企业及其工作人员在安全生产领域的相关违法违纪行为，可归纳为5类18种情形。具体情形及相应处分如下：

（一）生产经营和新建、改扩建等环节的违法违纪行为

1.六种情形

(1)未取得安全生产行政许可及相关证照或者不具备安全生产条件从事生产经营活动；

(2)弄虚作假，骗取安全生产相关证照；

(3)出借、出租、转让或者冒用安全生产相关证照；

(4)未按照有关规定保证安全生产所必需的资金投入，导致产生重大安全隐患；

(5)新建、改建、扩建工程项目的安全设施，不与主体工程同时设计、同时施工、同时投入生产和使用，或者未按规定审批、验收，擅自组织施工和生产；

(6)被依法责令停产停业整顿、吊销证照、关闭的生产经营单位，继续从事生产经营活动。

2.相应处分

国有企业及其工作人员有上述行为之一的，对有关责任人员，给予警告、记过或者记大过处分；情节较重的，给予降级、撤职或者留用察看处分；情节严重的，给予开除处分。

（二）履职不到位导致生产安全事故发生的违法违纪行为

1.七种情形

(1)对存在的重大安全隐患，未采取有效措施；

(2)违章指挥,强令工人违章冒险作业;

(3)未按规定进行安全生产教育和培训并经考核合格,允许从业人员上岗,致使违章作业;

(4)制造、销售、使用国家明令淘汰或者不符合国家标准的设施、设备、器材或者产品;

(5)超能力、超强度、超定员组织生产经营,拒不执行有关部门整改指令;

(6)拒绝执法人员进行现场检查或者在被检查时隐瞒事故隐患,不如实反映情况;

(7)其他不履行或者不正确履行安全生产管理职责的行为。

2.相应处分

国有企业及其工作人员有上述行为之一的,对有关责任人员,给予警告、记过或者记大过处分;情节较重的,给予降级、撤职或者留用察看处分;情节严重的,给予开除处分。

(三)瞒报、谎报事故、擅离职守、逃匿以及妨碍事故调查的违法违纪行为

1.三种情形

(1)对发生的生产安全事故瞒报、谎报或者拖延不报;

(2)组织或者参与破坏事故现场、出具伪证或者隐匿、转移、篡改、毁灭有关证据,阻挠事故调查处理;

(3)生产安全事故发生后,不及时组织抢救或者擅离职守。

2.相应处分

国有企业及其工作人员有上述行为之一的,对有关责任人员,给予记过或者记大过处分;情节较重的,给予降级、撤职或者留用察看处分;情节严重的,给予开除处分。

生产安全事故发生后逃匿的,给予开除处分。

(四)不执行或者擅自改变事故处理决定的违法违纪行为

1. 两种情形

(1)不执行或者不正确执行对事故责任人员作出的处理决定;

(2)擅自改变上级机关批复的对事故责任人员的处理意见。

2. 相应处分

国有企业及其工作人员有上述行为之一的,对有关责任人员,给予警告、记过或者记大过处分;情节较重的,给予降级、撤职或者留用察看处分;情节严重的,给予开除处分。

(五)违反规定在煤矿等企业投资入股或者在安全生产领域经商办企业的行为

1. 两种情形

(1)国有企业负责人及其配偶、子女及其配偶违反规定在煤矿等企业投资入股;

(2)国有企业负责人及其配偶、子女及其配偶违反规定在安全生产领域经商办企业。

2. 相应处分

对由国家行政机关任命的人员,给予警告、记过或者记大过处分;情节较重的,给予降级、撤职或者留用察看处分;情节严重的,给予开除处分。

对非由国家行政机关任命的其他人员,由企业参照上述相应处分规定执行。

十、事业单位、中介组织及其工作人员的相关违法违纪行为及相应处分

(一)具体情形

承担安全评价、培训、认证、资质验证、设计、检测、检验等工作的机构及其工作人员,出具虚假报告等与事实不符的文件、材料,

造成安全生产隐患。

(二)相应处分

对有关责任人员,给予警告、记过或者记大过处分;情节较重的,给予降级、降职或者撤职处分;情节严重的,给予留用察看或者开除处分。

十一、其他违法违纪行为及相应处分

1.法律、法规授权的具有管理公共事务职能的组织以及国家行政机关依法委托的组织及其工勤人员以外的工作人员有安全生产领域违法违纪行为,应当给予处分的,参照本规定执行。

2.企业、事业单位中除由国家行政机关任命的人员外,其他人员有安全生产领域违法违纪行为,应当给予处分的,由企业、事业单位参照本规定执行。

3.有安全生产领域违法违纪行为,需要给予组织处理的,依照有关规定办理。

4.有安全生产领域违法违纪行为,涉嫌犯罪的,移送司法机关依法处理。

十二、对国家行政机关及其公务员的处分量纪特点

(一)突出打击行为犯

对国家机关及其公务员的违法违纪行为,既有只考察过程行为的行为犯,也有既考察过程行为也考察行为结果的结果犯。但总体而言,重在打击行为犯。对于结果犯,只有二种行为情形:一是发现存在重大安全隐患,未按规定采取措施,导致生产安全事故发生;二是批准向合法的生产经营单位或者经营者超量提供剧毒品、火工品等危险物资,造成后果。

（二）正常业务行为与非正常业务行为并重

安全生产违法违纪行为，既包括正常业务范围、工作时间范围的工作行为，即日常安全行政许可、隐患查处、应急救援等，也包括非正常业务、非正常工作时间内的业余行为。业余行为主要包括国家机关公务员本人及其配偶、子女及其配偶违反规定在煤矿等企业投资入股或者在安全生产领域经商办企业；违反规定从事安全生产中介活动或者其他营利活动等违法经济行为。

（三）量纪标准分类相同

对安全生产违法违纪行为的一般情形，给予警告、记过或者记大过处分；情节较重的，给予降级或者撤职处分；情节严重的，给予开除处分。

十三、对国有企业及其工作人员的处分量纪特点

（一）行为犯与结果犯并重

对国有企业及其工作人员相关违法违纪行为及相应处分，既重行为犯，也重结果犯。从具体规定的违法违纪行为情形的数量上看，行为犯的行为情形与结果犯的行为情形大致持平。此规定较好地体现了事故预防的原则。但是，也应注意，从某种意义上讲，这种规定，打击的力度不够强。如对违章指挥、强令工人违章冒险作业，如果作为一种行为犯，即不论是否因此发生事故，都要进行处分，会更加有利于安全生产。而现今规定为一种必须导致生产事故发生才能惩处的行为，惩处力度明显偏弱。

（二）正常业务行为与非正常业务行为并重

安全生产违法违纪行为违法违纪行为，既包括正常业务范围、工作时间范围的工作行为，如日常安全管理、隐患查处、应急救援等，也包括非正常业务范围、非正常工作时间内的业余行为。业余行为，主要包括国有企业负责人及其配偶、子女及其配偶违反规定

在煤矿等企业投资入股;国有企业负责人及其配偶、子女及其配偶违反规定在安全生产领域经商办企业。

(三)量纪标准分类基本相同,个别有重大差异

处分量纪标准分类基本相同,即对安全生产违法违纪行为的一般情形,给予警告、记过或者记大过处分;情节较重的,给予降级、撤职或者留用察看处分;情节严重的,给予开除处分。

但是,也有个别情形,具有重大差异:如发生事故瞒报、谎报或者拖延不报;组织或者参与破坏事故现场、出具伪证或者隐匿、转移、篡改、毁灭有关证据,阻挠事故调查处理;生产安全事故发生后,不及时组织抢救或者擅离职守等违法违纪行为,没有警告处分,最低就是记过处分,而且特别强调,生产安全事故发生后逃匿的,给予最为严厉的开除处分。

如此规定,突显了对事故上报、应急救援与事故查处的高度重视与严格要求,具有重要的现实意义,一是强化生命至上意识,充分体现关爱生命、以人为本的安全价值观,消除草菅人命、漠视生命等不良现象;二是保证有关部门以最快的速度了解事故的真相,及时、准确地进行事故的应急救援,把人员伤亡和财产损失降到最低程度。当前,许多重特大事故,就是因为在事故发生之后,不是及时、如实地上报,而是自行处理,想把大事化小、小事化了,能捂则捂,实在捂不住了,再行报告,而这往往已经错过了最为宝贵的抢救时间。甚至有些肇事者、企业主在事发后逃匿、擅离职守,事故根本得不到及时抢救处理,让众多本可逃生的人员无谓地丧生,不仅可气,而且可恨。

(四)处分对象身份不同,量纪标准一样

对由国家行政机关任命的人员,按照《暂行规定》处分,对非由国家行政机关任命的其他人员,由企业参照《暂行规定》执行。从立法本意上讲,处理对象身份不同,但处分量纪标准一样。

十四、对事业单位、中介组织及其工作人员的处分量纪特点

事业单位、中介组织，既有不同（有些事业单位是纯粹的事业单位，有些中介机构是纯粹的中介机构，不是事业单位），也有交叉（有些事业单位还成立有安全评价、咨询等中介组织，因此既是事业单位，又是中介组织）。对这种事业单位、中介组织，既有不同、又有交叉的现象，《暂行规定》对事业单位、中介组织及其工作人员的相关违法违纪行为作出了相同的量纪分类标准，即对安全生产违法违纪行为的一般情形，给予警告、记过或者记大过处分；情节较重的，给予降级、降职或者撤职处分；情节严重的，给予留用察看或者开除处分。

《暂行规定》是在当前安全生产形势严峻，安全生产违法违纪行为复杂多样，事故成因多样的大背景下出台的我国第一部关于安全生产领域政纪处分方面的部门规章。在应用的过程中，还会遇到许多新情况，新问题，只有深入理解、准确把握其总体的立法宗旨、具体条款的立法本意，才会很好地贯彻执行，唯有如此，才能真正起到严惩安全生产违法违纪行为，强化安全生产，保障人民群众生命财产和公共财产安全，构建和谐社会的积极作用。

第五章　《生产安全事故报告和调查处理条例》解读

第一节　生产安全事故报告和调查处理条例

生产安全事故报告和调查处理条例

中华人民共和国国务院令第 493 号

《生产安全事故报告和调查处理条例》已经 2007 年 3 月 28 日国务院第 172 次常务会议通过，现予公布，自 2007 年 6 月 1 日起施行。

总理　温家宝

二〇〇七年四月九日

第一章 总 则

第一条 为了规范生产安全事故的报告和调查处理，落实生产安全事故责任追究制度，防止和减少生产安全事故，根据《中华人民共和国安全生产法》和有关法律，制定本条例。

第二条 生产经营活动中发生的造成人身伤亡或者直接经济损失的生产安全事故的报告和调查处理，适用本条例；环境污染事故、核设施事故、国防科研生产事故的报告和调查处理不适用本条例。

第三条 根据生产安全事故（以下简称事故）造成的人员伤亡或者直接经济损失，事故一般分为以下等级：

（一）特别重大事故，是指造成 30 人以上死亡，或者 100 人以上重伤（包括急性工业中毒，下同），或者 1 亿元以上直接经济损失的事故；

（二）重大事故，是指造成 10 人以上 30 人以下死亡，或者 50 人以上 100 人以下重伤，或者 5000 万元以上 1 亿元以下直接经济损失的事故；

（三）较大事故，是指造成 3 人以上 10 人以下死亡，或者 10 人以上 50 人以下重伤，或者 1000 万元以上 5000 万元以下直接经济损失的事故；

（四）一般事故，是指造成 3 人以下死亡，或者 10 人以下重伤，或者 1000 万元以下直接经济损失的事故。

国务院安全生产监督管理部门可以会同国务院有关部门，制定事故等级划分的补充性规定。

本条第一款所称的“以上”包括本数，所称的“以下”不包括本数。

第四条 事故报告应当及时、准确、完整，任何单位和个人对事故不得迟报、漏报、谎报或者瞒报。

事故调查处理应当坚持实事求是、尊重科学的原则，及时、准确地查清事故经过、事故原因和事故损失，查明事故性质，认定事故责任，总结事故教训，提出整改措施，并对事故责任者依法追究责任。

第五条 县级以上人民政府应当依照本条例的规定，严格履行职责，及时、准确地完成事故调查处理工作。

事故发生地有关地方人民政府应当支持、配合上级人民政府或者有关部门的事故调查处理工作，并提供必要的便利条件。

参加事故调查处理的部门和单位应当互相配合，提高事故调查处理工作的效率。

第六条 工会依法参加事故调查处理，有权向有关部门提出处理意见。

第七条 任何单位和个人不得阻挠和干涉对事故的报告和依法调查处理。

第八条 对事故报告和调查处理中的违法行为，任何单位和个人有权向安全生产监督管理部门、监察机关或者其他有关部门举报，接到举报的部门应当依法及时处理。

第二章 事故报告

第九条 事故发生后，事故现场有关人员应当立即向本单位负责人报告；单位负责人接到报告后，应当于1小时内向事故发生地县级以上人民政府安全生产监督管理部门和负有安全生产监督管理职责的有关部门报告。

情况紧急时，事故现场有关人员可以直接向事故发生地县级以上人民政府安全生产监督管理部门和负有安全生产监督管理职责的有关部门报告。

第十条 安全生产监督管理部门和负有安全生产监督管理职责的有关部门接到事故报告后，应当依照下列规定上报事故情况，并通知公安机关、劳动保障行政部门、工会和人民检察院：

（一）特别重大事故、重大事故逐级上报至国务院安全生产监督管理部门和负有安全生产监督管理职责的有关部门；

（二）较大事故逐级上报至省、自治区、直辖市人民政府安全生产监督管理部门和负有安全生产监督管理职责的有关部门；

（三）一般事故上报至设区的市级人民政府安全生产监督管理部门和负有安全生产监督管理职责的有关部门。

安全生产监督管理部门和负有安全生产监督管理职责的有关部门依照前款规定上报事故情况，应当同时报告本级人民政府。国务院安全生产监督管理部门和负有安全生产监督管理职责的有关部门以及省级人民政府接到发生特别重大事故、重大事故的报告后，应当立即报告国务院。

必要时，安全生产监督管理部门和负有安全生产监督管理职责的有关部门可以越级上报事故情况。

第十一条 安全生产监督管理部门和负有安全生产监督管理职责的有关部门逐级上报事故情况，每级上报的时间不得超过2小时。

第十二条 报告事故应当包括下列内容：

（一）事故发生单位概况；

（二）事故发生的时间、地点以及事故现场情况；

（三）事故的简要经过；

（四）事故已经造成或者可能造成的伤亡人数（包括下落不明的人数）和初步估计的直接经济损失；

（五）已经采取的措施；

（六）其他应当报告的情况。

第十三条 事故报告后出现新情况的，应当及时补报。

自事故发生之日起30日内，事故造成的伤亡人数发生变化的，应当及时补报。道路交通事故、火灾事故自发生之日起7日内，事故造成的伤亡人数发生变化的，应当及时补报。

第十四条 事故发生单位负责人接到事故报告后，应当立即启动事故相应应急预案，或者采取有效措施，组织抢救，防止事故扩大，减少人员伤亡和财产损失。

第十五条 事故发生地有关地方人民政府、安全生产监督管理部门和负有安全生产监督管理职责的有关部门接到事故报告后，其负责人应当立即赶赴事故现场，组织事故救援。

第十六条 事故发生后，有关单位和人员应当妥善保护事故现场以及相关证据，任何单位和个人不得破坏事故现场、毁灭相关证据。

因抢救人员、防止事故扩大以及疏通交通等原因，需要移动事故现场物件的，应当做出标志，绘制现场简图并做出书面记录，妥善保存现场重要痕迹、物证。

第十七条 事故发生地公安机关根据事故的情况，对涉嫌犯罪的，应当依法立案侦查，采取强制措施和侦查措施。犯罪嫌疑人逃匿的，公安机关应当迅速追捕归案。

第十八条 安全生产监督管理部门和负有安全生产监督管理职责的有关部门应当建立值班制度，并向社会公布值班电话，受理事故报告和举报。

第三章 事故调查

第十九条 特别重大事故由国务院或者国务院授权有关部门组织事故调查组进行调查。

重大事故、较大事故、一般事故分别由事故发生地省级人民政府、设区的市级人民政府、县级人民政府负责调查。省级人民政府、设区的市级人民政府、县级人民政府可以直接组织事故调查组进行调查，也可以授权或者委托有关部门组织事故调查组进行调查。

未造成人员伤亡的一般事故，县级人民政府也可以委托事故发生单位组织事故调查组进行调查。

第二十条 上级人民政府认为必要时，可以调查由下级人民政府负责调查的事故。

自事故发生之日起 30 日内（道路交通事故、火灾事故自发生之日起 7 日内），因事故伤亡人数变化导致事故等级发生变化，依照本条例规定应当由上级人民政府负责调查的，上级人民政府可以另行组织事故调查组进行调查。

第二十一条 特别重大事故以下等级事故，事故发生地与事故发生单位不在同一个县级以上行政区域的，由事故发生地人民政府负责调查，事故发生单位所在地人民政府应当派人参加。

第二十二条 事故调查组的组成应当遵循精简、效能的原则。

根据事故的具体情况，事故调查组由有关人民政府、安全生产监督管理部门、负有安全生产监督管理职责的有关部门、监察机关、公安机关以及工会派人组成，并应当邀请人民检察院派人参加。

事故调查组可以聘请有关专家参与调查。

第二十三条 事故调查组成员应当具有事故调查所需要的知识和专长，并与所调查的事故没有直接利害关系。

第二十四条 事故调查组组长由负责事故调查的人民政府指定。事故调查组组长主持事故调查组的工作。

第二十五条 事故调查组履行下列职责：

（一）查明事故发生的经过、原因、人员伤亡情况及直接经济损失；

（二）认定事故的性质和事故责任；

（三）提出对事故责任者的处理建议；

（四）总结事故教训，提出防范和整改措施；

（五）提交事故调查报告。

第二十六条　事故调查组有权向有关单位和个人了解与事故有关的情况，并要求其提供相关文件、资料，有关单位和个人不得拒绝。

事故发生单位的负责人和有关人员在事故调查期间不得擅离职守，并应当随时接受事故调查组的询问，如实提供有关情况。

事故调查中发现涉嫌犯罪的，事故调查组应当及时将有关材料或者其复印件移交司法机关处理。

第二十七条　事故调查中需要进行技术鉴定的，事故调查组应当委托具有国家规定资质的单位进行技术鉴定。必要时，事故调查组可以直接组织专家进行技术鉴定。技术鉴定所需时间不计入事故调查期限。

第二十八条　事故调查组成员在事故调查工作中应当诚信公正、恪尽职守，遵守事故调查组的纪律，保守事故调查的秘密。

未经事故调查组组长允许，事故调查组成员不得擅自发布有关事故的信息。

第二十九条　事故调查组应当自事故发生之日起 60 日内提交事故调查报告；特殊情况下，经负责事故调查的人民政府批准，提交事故调查报告的期限可以适当延长，但延长的期限最长不超过 60 日。

第三十条　事故调查报告应当包括下列内容：

（一）事故发生单位概况；

（二）事故发生经过和事故救援情况；

（三）事故造成的人员伤亡和直接经济损失；

（四）事故发生的原因和事故性质；

（五）事故责任的认定以及对事故责任者的处理建议；

（六）事故防范和整改措施。

事故调查报告应当附具有关证据材料。事故调查组成员应当在事故调查报告上签名。

第三十一条 事故调查报告报送负责事故调查的人民政府后，事故调查工作即告结束。事故调查的有关资料应当归档保存。

第四章 事故处理

第三十二条 重大事故、较大事故、一般事故，负责事故调查的人民政府应当自收到事故调查报告之日起 15 日内做出批复；特别重大事故，30 日内做出批复，特殊情况下，批复时间可以适当延长，但延长的时间最长不超过 30 日。

有关机关应当按照人民政府的批复，依照法律、行政法规规定的权限和程序，对事故发生单位和有关人员进行行政处罚，对负有事故责任的国家工作人员进行处分。

事故发生单位应当按照负责事故调查的人民政府的批复，对本单位负有事故责任的人员进行处理。

负有事故责任的人员涉嫌犯罪的，依法追究刑事责任。

第三十三条 事故发生单位应当认真吸取事故教训，落实防范和整改措施，防止事故再次发生。防范和整改措施的落实情况应当接受工会和职工的监督。

安全生产监督管理部门和负有安全生产监督管理职责的有关部门应当对事故发生单位落实防范和整改措施的情况进行监督检查。

第三十四条 事故处理的情况由负责事故调查的人民政府或者其授权的有关部门、机构向社会公布，依法应当保密的除外。

第五章　法律责任

第三十五条　事故发生单位主要负责人有下列行为之一的，处上一年年收入40％至80％的罚款；属于国家工作人员的，并依法给予处分；构成犯罪的，依法追究刑事责任：

（一）不立即组织事故抢救的；

（二）迟报或者漏报事故的；

（三）在事故调查处理期间擅离职守的。

第三十六条　事故发生单位及其有关人员有下列行为之一的，对事故发生单位处100万元以上500万元以下的罚款；对主要负责人、直接负责的主管人员和其他直接责任人员处上一年年收入60％至100％的罚款；属于国家工作人员的，并依法给予处分；构成违反治安管理行为的，由公安机关依法给予治安管理处罚；构成犯罪的，依法追究刑事责任：

（一）谎报或者瞒报事故的；

（二）伪造或者故意破坏事故现场的；

（三）转移、隐匿资金、财产，或者销毁有关证据、资料的；

（四）拒绝接受调查或者拒绝提供有关情况和资料的；

（五）在事故调查中作伪证或者指使他人作伪证的；

（六）事故发生后逃匿的。

第三十七条　事故发生单位对事故发生负有责任的，依照下列规定处以罚款：

（一）发生一般事故的，处10万元以上20万元以下的罚款；

（二）发生较大事故的，处20万元以上50万元以下的罚款；

（三）发生重大事故的，处50万元以上200万元以下的罚款；

（四）发生特别重大事故的，处200万元以上500万元以下的罚款。

第三十八条 事故发生单位主要负责人未依法履行安全生产管理职责，导致事故发生的，依照下列规定处以罚款；属于国家工作人员的，并依法给予处分；构成犯罪的，依法追究刑事责任：

（一）发生一般事故的，处上一年年收入30%的罚款；

（二）发生较大事故的，处上一年年收入40%的罚款；

（三）发生重大事故的，处上一年年收入60%的罚款；

（四）发生特别重大事故的，处上一年年收入80%的罚款。

第三十九条 有关地方人民政府、安全生产监督管理部门和负有安全生产监督管理职责的有关部门有下列行为之一的，对直接负责的主管人员和其他直接责任人员依法给予处分；构成犯罪的，依法追究刑事责任：

（一）不立即组织事故抢救的；

（二）迟报、漏报、谎报或者瞒报事故的；

（三）阻碍、干涉事故调查工作的；

（四）在事故调查中作伪证或者指使他人作伪证的。

第四十条 事故发生单位对事故发生负有责任的，由有关部门依法暂扣或者吊销其有关证照；对事故发生单位负有事故责任的有关人员，依法暂停或者撤销其与安全生产有关的执业资格、岗位证书；事故发生单位主要负责人受到刑事处罚或者撤职处分的，自刑罚执行完毕或者受处分之日起，5年内不得担任任何生产经营单位的主要负责人。

为发生事故的单位提供虚假证明的中介机构，由有关部门依法暂扣或者吊销其有关证照及其相关人员的执业资格；构成犯罪的，依法追究刑事责任。

第四十一条 参与事故调查的人员在事故调查中有下列行为之一的，依法给予处分；构成犯罪的，依法追究刑事责任：

（一）对事故调查工作不负责任，致使事故调查工作有重大疏漏的；

（二）包庇、袒护负有事故责任的人员或者借机打击报复的。

第四十二条　违反本条例规定，有关地方人民政府或者有关部门故意拖延或者拒绝落实经批复的对事故责任人的处理意见的，由监察机关对有关责任人员依法给予处分。

第四十三条　本条例规定的罚款的行政处罚，由安全生产监督管理部门决定。

法律、行政法规对行政处罚的种类、幅度和决定机关另有规定的，依照其规定。

第六章　附　则

第四十四条　没有造成人员伤亡，但是社会影响恶劣的事故，国务院或者有关地方人民政府认为需要调查处理的，依照本条例的有关规定执行。

国家机关、事业单位、人民团体发生的事故的报告和调查处理，参照本条例的规定执行。

第四十五条　特别重大事故以下等级事故的报告和调查处理，有关法律、行政法规或者国务院另有规定的，依照其规定。

第四十六条　本条例自 2007 年 6 月 1 日起施行。国务院 1989 年 3 月 29 日公布的《特别重大事故调查程序暂行规定》和 1991 年 2 月 22 日公布的《企业职工伤亡事故报告和处理规定》同时废止。

第二节　《生产安全事故报告和调查处理条例》解读

一、如何制定事故等级划分的补充性规定？

按照条例的规定，事故一般分为特别重大事故、重大事故、较大事故和一般事故四个等级。由于生产经营活动涉及众多行业和领域，各个行业和领域事故的情况都有各自的特点，发生事故的情形比较复杂，差别也比较大，很难用一个标准来划分各个行业或者领域事故的等级。多年来，消防、民用航空、铁路交通等领域实际上都执行了不完全相同的事故等级划分标准。比如，飞机相撞或者坠落，即使未造成人员伤亡或者人员伤亡数量很少，也可能被确定为特别重大事故。

因此，针对一些行业或者领域事故的实际情况，条例授权国务院安全生产监督管理部门可以会同国务院有关部门，制定事故等级划分的补充性规定。这一规定体现了原则性和灵活性的统一，符合实际情况。这就要求国务院安全生产监督管理部门在条例施行后，会同国务院有关部门抓紧研究制定相关行业或者领域事故等级划分的补充性规定，为事故报告和调查处理提供依据。

这里所说的制定“补充性规定”应当理解为将本条例规定的标准作为最低标准。比如，造成30人以上死亡的，必须确定为特别重大事故，但对某些行业或者领域，可以规定造成30人以下死亡的事故也作为特别重大事故。

二、事故报告的总体要求有哪些？

事故报告应当及时、准确、完整，任何单位和个人对事故不得迟报、漏报、谎报或者瞒报，这是条例对事故报告提出的总体要求。这一规定是根据实践中事故报告存在的主要问题作出的，具有很强的现实针对性。

事故发生后，及时、准确、完整地报告事故，对于及时、有效地组织事故救援，减少事故损失，顺利开展事故调查具有非常重要的意义。实践中，一些单位和个人，包括事故发生单位有关人员、地方政府、部门及其有关人员在事故发生后，不及时报告事故或者漏报、谎报、瞒报事故的情况时有发生。有的甚至采取破坏现场、销毁证据甚至转移尸体等恶劣手段。

究其原因,有的是不负责任,造成迟报、漏报,有的则是为了逃避事故责任追究,故意谎报或瞒报。无论什么原因,无论什么人,这种行为都是不允许的。针对实践中事故报告中存在的主要问题,条例从正反两方面,对事故报告提出了上述总体要求。

三、事故调查处理应当坚持的原则是什么?

事故调查处理是一项比较复杂的工作,涉及方方面面的关系,同时又具有很强的科学性和技术性。要搞好事故调查处理工作,必须有正确的原则作指导。

1.实事求是的原则

实事求是是唯物辩证法的基本要求。这一原则有几个方面的含义:

(1)必须全面、彻底查清生产安全事故的原因,不得夸大事故事实或缩小事实,不得弄虚作假;

(2)一定要从实际出发,在查明事故原因的基础上明确事故责任;

(3)提出处理意见要实事求是,不得从主观出发,不能感情用事,要根据事故责任划分,按照法律、法规和国家有关规定对事故责任人提出处理意见;

(4)总结事故教训、落实事故整改措施要实事求是,总结教训要准确、全面,落实整改措施要坚决、彻底。

2.尊重科学的原则

尊重科学,是事故调查处理工作的客观规律。生产安全事故的调查处理具有很强的科学性和技术性,特别是事故原因的调查,往往需要作很多技术上的分析和研究,利用很多技术手段。

尊重科学,一是要有科学的态度,不主观臆想,不轻易下结论,防止个人意识主导,杜绝心理偏好,努力做到客观、公正;二是要特别注意充分发挥专家和技术人员的作用,把对事故原因的调查,事故责任的分析、认定建立在科学的基础上。

四、事故调查处理的任务有哪些?

根据条例的规定,事故调查处理的主要任务和内容包括以下几个方面。

1.及时、准确地查清事故经过、事故原因和事故损失

查清事故发生的经过和事故原因,是事故调查处理的首要任务和内容,也是进行下一步工作的基础。事故原因有可能是自然原因,即所谓“天灾”,也有可能是人为原因,即所谓“人祸”,更多情况下则是责任原因和人为原因共同造成的,即所谓的“三分天灾,七分人祸”。无论什么原因,都要予以查明。事故损失主要包括事故造成的人身伤亡和直接经济损失。这是确定事故等级的依据。查清事故经过、事故原因和事故损失,重在及时、准确,不能久查不清或者含含糊糊,似是而非。

2.查明事故性质,认定事故责任

事故性质是指事故是人为事故还是自然事故,是意外事故还是责任事故。查明事故性质是认定事故责任的基础和前提。如果事故纯属自然事故或者意外事故,则不需要认定事故责任。如果是人为事故和责任事故,就应当查明哪些人员对事故负有责任,并确定其责任程度。

事故责任有直接责任,也有间接责任;有主要责任,也有次要责任。此外,对政府及其有关部门的负责人来说,还有一个领导责任的问题。

3.总结事故教训,提出整改措施

安全生产工作的根本方针是安全第一、预防为主、综合治理。通过查明事故经过和事故原因,发现安全生产管理工作的漏洞,从事故中总结血的经验教训,并提出整改措施,防止类似事故再次发生,这是事故调查处理的重要任务和内容,也是事故调查处理的最

根本目的。

4.对事故责任者依法追究责任

生产安全事故责任追究制度是我国安全生产领域的一项基本制度。《安全生产法》明确规定,国家建立生产安全事故责任追究制度。结合对事故责任的认定,对事故责任人分别提出不同的处理建议,使有关责任者受到合理的处理,包括给予党纪处分、行政处分或者建议追究相应的刑事责任。这对于增强有关人员的责任心,预防事故再次发生,具有重要意义。

以上规定较好地体现了事故调查处理的"四不放过"原则,即事故原因不查清不放过,防范措施不落实不放过,职工群众未受到教育不放过,事故责任者未受到处理不放过。

五、县级以上人民政府在事故调查处理中的职责是什么?

在事故调查处理中,县级以上人民政府的主要职责有两项。

1.负责组织事故调查

对事故调查处理,本条例坚持了"政府领导、分级负责"的原则。除法律、行政法规或者国务院另有规定外,事故按照不同的级别,分别由县级以上人民政府或者其授权的部门组织事故调查组进行调查。这与其说是一项权利,不如说是一项义务或者职责。无论是直接组织事故调查组,还是授权有关部门组织事故调查组进行调查,组织事故调查的职责都属于县级以上各级人民政府。有关人民政府在接到事故报告后,应当按照本条例的规定,及时组织有关部门成立事故调查组,或者授权有关部门及时组织事故调查组,尽快开展事故调查工作。有关人民政府还应当指定事故调查组组长,负责领导事故调查组的工作。在事故调查中,有关人民政府应当加强指导,确保事故调查组能够在规定的期限内,顺利完成事故调查,提出事故调查报告。

2.及时作出事故批复

事故调查组向负责组织事故调查的有关人民政府提出事故调查报告后,事故调查工作即告结束。有关人民政府应当按照条例规定的期限,及时作出批复,并督促有关机关、单位落实事故批复,包括对生产经营单位的行政处罚,对事故责任人行政责任的追究以及整改措施的落实等。在批复中,有关人民政府要严格把关,特别是要保证对事故责任人的追究做到严肃、公正、合法。

六、事故发生地有关地方人民政府配合事故调查处理的职责有哪些?

这里所称的“有关地方人民政府”,包括乡镇人民政府、县级人民政府、设区的市级人民政府和省级人民政府。无论是上级人民政府直接组织事故调查组进行事故调查,还是有关部门受政府委托组织事故调查组进行事故调查,事故发生地有关人民政府都应当予以支持、配合。事故发生地有关人民政府配合事故调查处理工作,通常有以下几个方面:

(1)按照上级人民政府或者有关部门的要求,及时指定人员参加事故调查组;

(2)采取有效措施保护事故现场,防止破坏现场、销毁证据等行为发生,对需要采取强制措施的事故责任人员及时控制,防止其逃匿或者转移资金、财产等;

(3)为事故调查组提供调查所需的有关信息,包括事故发生单位及其有关人员的情况和信息、有关部门的监管情况和监管信息等;

(4)协助做好事故伤亡人员的赔偿、家属安抚等工作,确保当地社会秩序稳定;

(5)根据上级人民政府依法作出的事故批复,落实或者督促有关部门落实对事故发生单位及其有关部门人员的行政处罚,对事故责任人员予以处分,督促有关部门对事故发生单位落实整改措施的情况进行监督检查。

此外，事故发生地有关人民政府还应当为上级人民政府或者有关部门的事故调查处理提供必要的便利条件，包括交通、办公场所等，为事故调查处理创造有利的环境。

七、阻挠和干涉事故报告和调查处理的具体情形有哪些？

1. 阻挠和干涉事故报告的具体情形

所谓阻挠和干涉事故报告，既包括不允许他人报告事故、要求他人不要报告事故或者不如实报告事故，也包括为他人报告事故设置障碍等情形，具体方法和手段可能表现为强制命令、威逼利诱及通过事实行为设置障碍等，可以是明示，也可以是暗示或者授意别人进行。

实践中，阻挠和干涉事故报告的，一般不是普通职工和群众，而往往是事故发生单位的主要负责人及有关主管人员，或者是地方政府、有关部门及其有关人员等。这些单位和个人阻挠和干涉事故报告的目的，大都是为了隐瞒事故真相，逃避事故责任追究。同时，这些单位和个人由于地位较为特殊，也有能力阻挠和干涉对事故的报告，极有可能对事故报告产生较大的消极影响，甚至导致事故被谎报或者瞒报。因此，为了保证事故报告做到及时、准确、完整，明确规定任何单位和个人不得阻挠和干涉对事故的报告是非常必要的。这是一项严格的禁止性规定，违反该规定的，应当依法承担相应的法律责任。

2. 阻挠和干涉事故调查处理的具体情形

依法对事故进行调查处理，对于查明事故原因，明确事故责任，落实事故责任追究，总结事故经验教训，完善事故防范措施，防止事故再次发生，都具有十分重要的意义。为了保证事故调查处理的顺利进行，必须从制度上排除一切干扰和阻力。这一要求也是作为安全生产领域基础性法律的《安全生产法》(第七十五条)所明确规定的。

按照条例规定，生产经营单位及其有关人员、地方人民政府、政府有关部门及其工作人员以及其他任何单位和个人，都不得阻挠和干涉对事故的依法调查处理。实践中，阻挠、干涉对事故的依法调查处理，可以表现在多个环节。比如，在事故调查组组成过程中阻挠和干涉事故调查组的组成；阻挠和干涉事故调查的进程，包括故意破坏事故现场或者转移、隐匿有关证据，无正当理由拒绝接受事故调查组的询问，或者拒绝提供有关情况和资料，或者做伪证、提供虚假情况，或者为事故调查设置障碍；干涉对事故性质的认定或者事故责任的确定；阻挠和干涉对有关事故责任人员进行处理等等。对阻挠、干涉依法调查处理事故的单位和个人，必须依法严肃处理。构成犯罪的，依法追究刑事责任；不构成犯罪的，依法给予行政处罚或者处分。

需要强调的是，如果事故调查处理不合法，比如事故调查组的组成不合法，事故调查的程序不合法，对事故责任人的处理不符合法律规定等，有关方面可以提出意见，有关人民政府或者有关机关也可以要求纠正。这些都不属于阻挠和干涉对事故的依法调查处理。

八、什么是事故上报“两条线”制度？

事故上报“两条线”制度，即事故发生后，既要向上级安全生产监督管理部门报告，又要向负有安全生产监督管理职责的有关部门报告。

九、什么情况下，可以允许越级上报事故？

作为一部应对特别事件的行政法规，条例必须充分考虑到各种可能性，应当在必要时突破一般情况下行政管理的层级限制，允许越级上报事故。这样才能体现原则性和灵活性相结合的原则，符合实际情况。

譬如:事故现场条件特别复杂,难以准确判定事故等级,情况十分危急,上一级部门没有足够能力开展应急救援工作,或者事故性质特殊,社会影响特别重大时,应当允许越级上报事故。

十、怎样正确理解“每级上报的时间不得超过2小时”?

上报事故的首要原则是及时。“2小时”的起点是指接到下级部门报告的时间,以特别重大事故的报告为例,取报告时限要求的最大值计算,从单位负责人报告县级管理部门,再由县级管理部门报告市级管理部门、市级管理部门报告省级管理部门、省级管理部门报告国务院管理部门,最后报至国务院,总共所需时间为9小时。之所以作出这样限制性的时间规定,是因为以下原因:

第一,快速上报事故,有利于上级部门及时掌握情况,迅速开展应急救援工作;

第二,快速上报事故,有利于快速、妥善安排事故的善后工作;

第三,快速上报事故,有利于及时向社会公布事故的有关情况,正确引导社会舆论。

十一、不同行业、领域如何计算事故直接经济损失?

对于直接经济损失的统计,按照国家安全生产监督管理总局《关于加强生产安全事故经济损失统计工作的通知》(安监总统计[2006]54号)的规定执行,即工矿商贸企业事故(含非伤亡事故)直接经济损失按照《企业职工伤亡事故经济损失统计标准》(GB 6721—1986)进行统计,其他行业和领域事故直接经济损失按照有关部门制定的统计标准进行统计。

十二、特殊情况需要移动事故现场物件的，必须同时满足哪些条件？

保护事故现场，必须根据事故现场的具体情况和周围环境，划定保护区的范围，布置警戒，必要时，将事故现场封锁起来，禁止一切人进入保护区，即使是保护现场的人员，也不要无故进入，更不能擅自进行勘查，禁止随意触摸或者移动事故现场上的任何物品。

特殊情况需要移动事故现场物件的，必须同时满足以下条件：

第一，移动物件的目的是出于抢救人员、防止事故扩大以及疏通交通的需要；

第二，移动物件必须经过事故单位负责人或者组织事故调查的安全生产监督管理部门和负有安全生产监督管理职责的有关部门的同意；

第三，移动物件应当做出标志，绘制现场简图，拍摄现场照片，对被移动物件应当贴上标签，并作出书面记录；

第四，移动物件应当尽量使现场少受破坏。

十三、公安机关对与事故有关的哪些人员可以采取强制措施？

公安机关接到事故通知后，应当迅速赶赴事故现场，一方面加强对事故现场的保护，另一方面可以尽早搜集相关证据，查明是否存在犯罪行为以及对犯罪嫌疑人采取强制措施。

根据《刑法修正案(六)》和《最高人民法院、最高人民检察院关于办理危害矿山生产安全刑事案件具体应用法律若干问题的解释》，涉及安全生产的犯罪行为主要有：在生产中违反有关安全管理的规定、强令他人违章冒险作业、安全生产设施或者安全生产条件不符合国家规定、举办大型群众性活动违反安全管理规定，因而发生重大伤亡事故或者造成其他严重后果的行为；在安全事故发生后，负有报告职责的人员不报或者谎报事故情况，贻误事故抢救，情节严重的行为；安全中介机构的人员故意提供虚假证明文件，情节严重的行为；国家机关工作人员滥用职权或者玩忽职守的行为。事故统计分析表明，生产安全事故绝大部分都属于责任事故，很多情况下有些责任人的行为很有可能会触及刑律。特别是随着事故责任追究力度的加大，一些事故责任人在发生事故后，为逃避责任追究，不惜破坏现场，毁匿证据，对事故进行瞒报，或者干脆仓皇逃匿。必须严厉打击这种安全生产犯罪行为。

按照《刑事诉讼法》和有关司法解释的规定，刑事案件的侦查由公安机关负责，国家工作人员的渎职犯罪由检察院立案侦查。人民检察院侦查的案件涉及到公安机关的管辖时，应当将属于公安机关管辖的刑事案件移送公安机关。另外，根据国务院 2001 年颁布的《行政执法机关移送涉嫌犯罪案件的规定》，组织事故调查的安全生产监督管理部门和负有安全生产监督管理职责的有关部门，发现事故责任者涉嫌构成犯罪，依法需要追究刑事责任的，应当主动向公安机关进行移送。

公安机关发现有犯罪行为的，或者在接到检察机关、安全生产监督管理部门和负有安全生产监督管理职责的有关部门移送的涉嫌犯罪案件后，应当依法立案进行侦查，并对犯罪嫌疑人采取强制措施。

依照《刑事诉讼法》的规定，公安机关对犯罪嫌疑人可以依法采取拘传、取保候审、监视居住、拘留、逮捕等五种强制措施。对于已经逃匿的犯罪嫌疑人，要立即采取通缉、堵截等紧急措施，将其追捕归案。

十四、"上级人民政府认为必要时，可以调查由下级人民政府负责调查的事故"对"上级人民政府"、"认为必要时"应如何理解把握？

"上级人民政府"，既可以是上一级人民政府，也可以是再上级人民政府，甚至是国务院。

"认为必要时"，一般有以下情形：

1.事故性质恶劣、社会影响较大的；

2.同一地区连续频繁发生同类事故的；

3.事故发生地不重视安全生产工作、不能真正吸取事故教训的；

4.社会和群众对下级政府调查的事故反响十分强烈的；

5.事故调查难以做到客观、公正的。

十五、如何遵循精简、效能的原则组建事故调查组？

1.根据事故的具体情况，确定事故调查组的组成，即根据事故的行业和领域，决定哪些部门参加事故调查组。比如，建筑工程事故，应由建筑行政部门派人参加事故调查组。

2.事故调查组由以下部门、单位派人组成或参加：

(1)有关人民政府，包括组织事故调查的有关人民政府以及事故发生地有关人民政府；

(2)安全生产监督管理部门；

(3)负有安全生产监督管理职责的有关部门；

(4)监察机关；

(5)公安机关；

(6)工会；

(7)人民检察院，属于邀请参加的单位。

3.事故调查组可以聘请有关专家参与调查。事故调查组聘请的专家参与事故调查，也是事故调查组的成员。

由上可知，有关人民政府、安全生产监管部门、监察机关、公安机关、工会和人民检察院属于必须参加的常设部门和单位。负有安全生产监督管理职责的有关部门，则根据具体情况，决定哪个部门参加。

十六、事故调查组的职责具体有哪些？

1.查明事故发生的经过

(1)事故发生前，事故发生单位生产作业状况；

(2)事故发生的具体时间、地点；

(3)事故现场状况及事故现场保护情况；

(4)事故发生后采取的应急处置措施情况；

(5)事故报告经过；

(6)事故抢救及事故救援情况；

(7)事故的善后处理情况；

(8)其他与事故发生经过有关的情况。

2.查明事故发生的原因

(1)事故发生的直接原因；

(2)事故发生的间接原因；

(3)事故发生的其他原因。

3.人员伤亡情况

(1)事故发生前，事故发生单位生产作业人员分布情况；

(2)事故发生时人员涉险情况；

(3)事故当场人员伤亡情况及人员失踪情况；

(4)事故抢救过程中人员伤亡情况；

(5)最终伤亡情况；

(6)其他与事故发生有关的人员伤亡情况。

4.事故的直接经济损失

(1)人员伤亡后所支出的费用，如医疗费用、丧葬及抚恤费用、补助及救济费用、歇工工资等；

(2)事故善后处理费用，如处理事故的事务性费用、现场抢救费用、现场清理费用、事故罚款和赔偿费用等；

(3)事故造成的财产损失费用，如固定资产损失价值、流动资产损失价值等。

5. 认定事故性质和事故责任分析

通过事故调查分析，对事故的性质要有明确结论。其中对认定为自然事故(非责任事故或者不可抗拒的事故)的可不再认定或者追究事故责任人；对认定为责任事故的，要按照责任大小和承担责任的不同分别认定下列事故责任者：

(1)直接责任者：是指其行为与事故发生有直接因果关系的人员，如违章作业人员等；

(2)主要责任者：是指对事故发生负有主要责任的人员，如违章指挥者等；

(3)领导责任者：是指对事故发生负有领导责任的人员，主要是政府及其有关部门的领导人员。

6. 对事故责任者的处理建议

通过事故调查分析，在认定事故的性质和事故责任的基础上，对责任事故者的处理建议主要包括下列内容：

(1)对责任者的行政处分、纪律处分建议；

(2)对责任者的行政处罚建议；

(3)对责任者追究刑事责任的建议；

(4)对责任者追究民事责任的建议。

7. 总结事故教训

通过事故调查分析，在认定事故的性质和事故责任者的基础上，要认真总结的事故教训，主要是在安全生产管理、安全生产投入、安全生产条件等方面存在哪些薄弱环节、漏洞和隐患，要认真对照问题查找根源：

(1)事故发生单位应该吸取的教训；

(2)事故单位主要负责人应该吸取的教训；

(3)事故单位有关主管人员和有关职能部门应该吸取的教训；

(4)从业人员应该吸取的教训；

(5)政府及其有关部门应该吸取的教训；

(6)相关生产经营单位应该吸取的教训；

(7)社会公众应该吸取的教训，等等。

8. 提出防范和整改措施

防范和整改措施是在事故调查分析的基础上针对事故发生单位在安全生产方面的薄弱环节、漏洞、隐患等提出的，要具备以下性质：

(1)针对性；

(2)可操作性；

(3)普遍适用性；

(4)时效性。

9. 提交事故调查报告

事故调查报告在事故调查组全面履行职责的前提下由事故调查组作出。这是事故调查最核心的任务，是其工作成果的集中体现。

十七、"事故调查组应当自事故发生之日起60日内提交事故调查报告。"这个"60日"是指自然日历还是工作日？

应当按自然日历计算，不是特指工作日。

十八、哪些特殊情况下，提交事故调查报告的期限可以适当延长？

一般是指事故等级较高事故现场不能及时勘查、事故原因一时不易查清、事故责任认定需要大量调查工作等情形下，提交事故调查报告的期限可以适当延长。

十九、"有关机关"应如何落实事故调查报告的批复？

"有关机关"不是特定主体，可能是一个机关，也可能是多个机关，应当根据批复的内容不同而不同。一般来说，"有关机关"包括作出批复的人民政府的有关部门、下级人民政府及其有关部门。“有关机关”应依照法定权限和程序落实事故调查报告的批复。

首先，有关机关只能在法定职责权限范围内行使职权，不得越权。《行政处罚法》明确规定：行政处罚由具有行政处罚权的行政机关在法定权限范围内实施。《行政监察法》及其他有关规定对处分的实施权限也有明确要求。其他有关法律、行政法规对有关机关的权限也都有明确规定。

其次，程序必须合法。在现代法治国家，程序合法、正当成为一种普遍要求，程序正当是结果正当的必要条件。落实有关人民政府对事故调查报告的批复，对事故发生单位和有关部门人员进行行政处罚，对负有事故责任的国家工作人员进行处分，必须严格依照法律、行政法规规定的程序。在具体操作中，有关机关实施不同行政处罚或者处分，要按照有关法律、行政法规的相应程序进行。

有关机关落实批复的主要内容有两项：一是对事故发生单位和有关人员进行行政处罚；二是对负有事故责任的国家工作人员进行处分。

行政处罚是对有行政违法行为的单位或者个人给予的行政制裁。按照《行政处罚法》的规定，行政处罚的种类包括警告、罚款、没收违法所得、没收非法财物、责令停产停业、暂扣或者吊销许可证、暂扣或者吊销执照、行政拘留等。本条例规定的行政处罚，主要包括罚款及吊销有关证照、职业资格证书等。

处分是对国家工作人员及国家机关委派到企业、事业单位任职的人员的违法行为，由所在单位或者其上级主管机关或者有关机关给予的一种制裁性处理。根据《行政监察法》和《公务员法》的有关规定，处分的种类包括警告、记过、记大过、降级、撤职、开除等。

二十、"事故发生单位"应如何落实事故调查报告的批复?

生产经营单位作为安全生产的责任主体,发生事故后,除了接受法律、行政法规规定的行政处罚外,还有义务按照负责事故调查的人民政府的批复,对本单位负有事故责任的人员进行处理。事故发生单位负责处理的对象是本单位对事故发生负有责任的人员,这种处理是根据有关部门规章制度,对有关责任人员所作的内部处理,包括两种情况:

一是本单位中有关人员对事故发生负有责任,但该人员的行为既不构成犯罪,也不属于法律、行政法规规定的应当给予行政处罚或者处分的行为,事故发生单位可以根据本单位的有关规章制度对该负有事故责任的人员进行相应的处理。

二是对事故发生负有责任的有关人员的行为已经涉嫌犯罪,或者依照法律、行政法规应当由有关机关给予行政处罚或处分的,事故发生单位也可以根据本单位的规章制度作出处理。

需要强调的是,事故发生单位虽然是按照负责事故调查的人民政府的批复,对有关人员进行处理,但是这种处理属于事故发生单位的内部管理行为,其依据主要是本单位的规章制度,不属于行政处罚或行政处分的范畴。

二十一、事故发生单位的"主要负责人"具体包括哪些人?

主要负责人是指对生产经营单位的生产经营活动负有领导责任,对单位的生产经营活动有决策权、指挥权的人。事故发生单位主要负责人的具体所指,根据事故发生单位的组织形式不同而有所不同:

对于公司制的事故发生单位,根据《公司法》的规定,公司法定代表人依照公司章程的规定,由董事长、执行董事或者经理担任,并依法登记。因此,公司制生产经营单位的主要负责人一般应当是担任法定代表人的董事长、执行董事、经理等。

对于非公司制的企业，主要负责人一般是企业的厂长、经理、矿长等负责企业经营管理的人。如《全民所有制工业企业法》规定，企业实行厂长（经理）负责制，厂长是企业的法定代表人，对企业负全面责任。

总之，事故发生单位主要负责人需要根据该单位的实际情况确定，对于一个特定的生产经营单位，其主要负责人是特定的。

特别要注意的是，对于有些虽然名义上不在生产经营单位任职，但是实际上控制生产经营单位的管理和经营活动的实际控制人，也要作为生产经营单位的主要负责人承担责任。对此，《国务院关于预防煤矿生产安全事故的特别规定》作了明确规定。

二十二、对于"不立即组织事故抢救"这一违法行为应如何界定？

在一般情况下，事故发生单位主要负责人是最先接到事故报告的，事故发生单位主要负责人能否在第一时间组织抢救，直接关系到能否挽救更多的生命，尽量减少财产损失。实践中，一些事故发生单位的主要负责人接到事故报告后，第一反应不是立即组织事故抢救，而是如何逃避事故责任，或者麻木不仁，贻误时机，导致事故扩大、人员伤亡增加或财产损失增加等后果。这是一种严重不负责任的行为，必须给予严厉的法律制裁。

本条例所讲的"不立即组织抢救"，是指事故发生单位主要负责人客观上能够组织抢救，而不立即组织抢救的情形，不包括事故发生单位主要负责人客观上不能立即组织抢救的情形。

二十三、是否事故单位一旦发生一般以上事故，就要按相应事故等级进行经济处罚？

虽然条例规定对事故发生单位根据事故等级处以罚款，但并不属于单纯的"事故罚款"，即一出事故就罚款，而是在事故发生单位对事故发生负有责任的情况下才处以罚款，目的是加大事故成本，促进生产经营单位加强安全生产工作。

二十四、事故发生单位主要负责人未依法履行安全生产管理职责，导致事故发生的，应如何进行经济处罚？

1. 发生一般事故的，处上一年年收入30%的罚款；
2. 发生较大事故的，处上一年年收入40%的罚款；
3. 发生重大事故的，处上一年年收入60%的罚款；
4. 发生特别重大事故的，处上一年年收入80%的罚款。

二十五、事故发生单位对事故发生负有责任的，由有关部门依法暂扣或者吊销其有关证照。“有关部门”、“有关证照”应如何理解？

事故发生单位的有关证照，是指其依法取得的各类许可、审批证件以及营业执照，具体种类根据其所从事的生产经营活动的不同而有所不同。比如，矿山企业、建筑施工企业和危险化学品、烟花爆竹、民用爆破器材生产企业，需要取得安全生产许可证，其中煤矿企业还要有采矿许可证和煤炭生产许可证。

暂扣或者吊销有关证照，必须依法由颁发该许可证或执照的行政机关实施，其他任何机关和个人都无权吊扣不属于自己颁发的证照。这就是“由有关部门依法暂扣或者吊销”的含义。

比如，依据《安全生产许可证条例》的有关规定，安全生产监督管理部门负责非煤矿矿山企业和危险化学品、烟花爆竹生产企业安全生产许可证的颁发和管理；煤矿安全监察机构负责煤矿企业安全生产许可证的颁发和管理；建设主管部门负责建筑施工企业安全生产许可证的颁发和管理。吊销上述单位的安全生产许可证，应当分别由有关机关依法实施。吊销采矿许可证，应当由地质矿产主管部门实施。事故发生单位营业执照的吊扣，只能由工商行政管理部门实施。

二十六、受聘参与事故调查的专家是否在任何情况下都免予处分和追究刑事责任？

参与事故调查人员的法律责任主要包括下列两种：

1.处分

参与事故调查的人员在事故调查中有条例第四十一条中违法行为之一的，首先是依法给予处分。其中，行政处分适用于参加事故调查的国家工作人员，主要包括在国家机关中从事公务的国家机关工作人员，国有公司、企业、事业单位、人民团体中从事公务的人员，国家机关以及其他国有单位委派到非国有单位从事公务的人员以及其他依照法律从事公务的人员，不适用于参与事故调查的有关专家以及负责组织调查的事故发生单位的非国家工作人员。对其他人员，可以依法给予相应的纪律处分等。

2.刑事责任

参与事故调查的人员在事故调查中有条例第四十一条中违法行为之一，构成犯罪的，依法追究刑事责任。需要特别说明的是，这里构成犯罪、承担刑事责任的主体不限于国家机关工作人员，而是包括前述所有参与事故调查的人员。

二十七、安全生产监督管理部门决定罚款的行政处罚，需要注意哪些关键问题？

安全生产监督管理部门决定罚款的行政处罚，需要注意以下关键问题：

1.“一事不二罚”。依据《行政处罚法》第二十四条的规定，对同一个违法行为，不得给予两次以上罚款的行政处罚。安全生产监督管理部门决定罚款的行政处罚时，也应当遵守这一规定。

2.依据《行政处罚法》第四十六条的规定，作出罚款决定的安全生产监督管理部门应当与收缴罚款的机构分离。

3.罚款与罚金的折抵。依据《行政处罚法》第二十八条的规定，违法行为构成犯罪，人民法院判处罚金时，行政机关已经给予当事人罚款的，应当折抵相应罚金。据此，在有关单位和人员依据本条例规定被安全生产监督管理部门处以罚款，同时又被法院依法判处罚金的情况下，有关单位和人员已经缴纳的罚款可以折抵相应数额的罚金。

二十八、国家机关、事业单位、人民团体发生的事故如何参照本条例的规定进行事故的调查报告处理？

本条例的适用范围是生产经营活动中发生的生产安全事故的报告和调查处理，也就是说，条例适用的主体主要是生产经营单位。

现实生活中，除了生产经营单位发生的生产安全事故外，国家机关、事业单位和人民团体等其他单位也可能会发生造成人身伤亡或者直接经济损失的事故。这类非生产经营单位发生的事故的报告和调查处理，目前我国现行法律、行政法规还没有明确规定。为了使非生产经营单位发生的事故的报告和调查处理有法可依，本条例规定，国家机关、事业单位、人民团体发生的事故的报告和调查处理，参照本条例的规定执行。

这里的“国家机关”，包括国家立法机关、行政机关和司法机关、党的机关以及其他民主党派机关。“事业单位”是指国家为了社会公益事业目的举办的从事文化、教育、卫生、体育、新闻等公益事业的单位，如学校、医院、图书馆、博物馆、电视台，等等。“人民团体”则包括工会、共青团、妇联、残联等。这类单位发生的事故的报告和调查处理参照本条例的规定执行，意思是要根据情况，对适合这类单位特点的规定，可以适用。如条例关于事故报告应当及时、准确、完整，任何单位和个人对事故不得迟报、漏报、谎报或者瞒报的规定，关于事故调查的原则、任务的规定，关于事故调查组的规定，关于落实整改措施的规定等都可以适用。有的规定，如对事故发生单位依法暂扣或者吊销有关证照等行政处罚的规定，则不适用于国家机关、事业单位和人民团体。

此外，对于各类社会团体，如协会等发生的事故的报告和调查处理，也应当参照本条例的规定执行。

需要说明的是，事业单位的情况比较复杂，有的已经改制为企业，有的实行企业化管理，并从事生产经营活动。这类单位发生的事故，属于生产经营活动中发生的事故，其报告和调查处理应当直接适用本条例的规定。

第六章 重大责任事故判例

一、河北省唐山市恒源实业有限公司"12·7"特别重大瓦斯煤尘爆炸事故

2005 年 12 月 7 日 15 时 14 分，河北省唐山市恒源实业有限公司(原刘官屯煤矿，以下简称"刘官屯煤矿")发生一起特别重大瓦斯煤尘爆炸事故，造成 108 人死亡，29 人受伤，直接经济损失 4870.67 万元。

(一)矿井概况

刘官屯煤矿为基建矿井。该矿原属地方国有煤矿，几经转让改制，2005 年转为民营企业。设计生产能力 30 万吨/年。原设计为低瓦斯矿井。可采煤层属高挥发份煤种，均有煤尘爆炸危险性。矿井无冲击地压威胁。

(二)事故原因

1.事故的直接原因：刘官屯煤矿 1193(下)工作面切眼遇到断层，煤层垮落，引起瓦斯涌出量突然增加；9 煤层总回风巷三、四联络巷间风门打开，风流短路，造成切眼瓦斯积聚；在切眼下部用绞车回柱作业时，产生摩擦火花引爆瓦斯，煤尘参与爆炸。

2.事故的主要原因如下：

(1)刘官屯煤矿无视国家法律法规，拒不执行停工指令，管理混乱、违规建设、非法生产。

①违规建设。该矿私自找没有设计资质的单位修改设计，《安

全专篇》未经批复,擅自施工;煤矿安全监察机构下达停止施工的通知,该矿拒不执行。

②非法生产。该矿在基建阶段,在未竣工验收的情况下,从2005年3月至11月累计出煤63300 t。存在非法生产行为。

③"一通三防"管理混乱,造成重大安全生产隐患。

④劳动组织管理混乱,违法承包作业。

(2)有关职能部门履行职责不到位

①开平区煤矿安全监督局对刘官屯煤矿未认真履行监管职责。多次检查均未发现该矿违规建设、非法生产、"一通三防"等问题。

②唐山市安全生产监督管理局履行监管职责不到位。组织安全生产检查中未发现其违规建设、非法生产、"一通三防"等问题。

③河北煤矿安全监察局冀东监察分局履行煤矿监察职责不到位,对该矿违规建设、非法生产监察不力。对拒不执行停工指令行为,未报请依法吊销其《采矿许可证》。

(3)开平区、唐山市政府贯彻落实国务院有关煤矿停产整顿的要求不力。

①开平区人民政府未履行职责;对刘官屯煤矿违规建设、非法生产、"一通三防"等问题失察。

②唐山市人民政府贯彻落实煤矿安全生产方针政策不力;督促有关职能部门依法履行煤矿安全生产监管职责不到位。

另外,在事故调查期间,发生了刘官屯煤矿矿主朱文友在押期间出境外逃,同时发现干部入股煤矿问题。

3. 经调查认定这是一起责任事故。

(三)对事故责任人员的处理

1. 公安机关已批准逮捕如下10人:

(1)尚福奎,中共党员,刘官屯煤矿技术科技术员。涉嫌伪造国家公文罪。

(2)郑建华,刘官屯煤矿瓦斯检查员。涉嫌重大责任事故罪。

(3)李金刚,刘官屯煤矿瓦斯检查员。涉嫌重大责任事故罪。

(4)周炳义,刘官屯煤矿安全员兼调度员。涉嫌重大责任事故罪。

(5)吕学增,中共党员,刘官屯煤矿党支部书记兼保卫科长。涉嫌重大劳动安全事故罪。

(6)刘文成,刘官屯煤矿通风科长。涉嫌重大责任事故罪。

(7)李守耕,中共党员,刘官屯煤矿生产副矿长兼调度室主任。涉嫌重大劳动安全事故罪。

(8)李启新,中共党员,刘官屯煤矿技术副矿长兼安全科长。涉嫌重大劳动安全事故罪。

(9)尚知国,中共党员,刘官屯煤矿矿长。涉嫌重大劳动安全事故罪和伪造国家公文罪。

(10)朱文友,中共党员,刘官屯煤矿矿主。涉嫌重大劳动安全事故罪。

2.已被检察机关立案侦查如下5人:

(1)李春民,中共党员,开平区煤矿安全监督局安全科科长。

(2)荆志祥,中共党员,开平区煤矿安全监督局副局长、纪检委员。

(3)张新民,中共党员,河北煤矿安全监察局冀东监察分局综合科科长、党支部书记。

(4)白春华,中共党员,原河北煤矿安全监察局冀东监察分局副局长。

(5)张国安,中共党员,原河北煤矿安全监察局冀东监察分局局长。

3.给予党纪、政纪处分如下11人:

(1)董子友,中共党员,开平区煤矿安全监督局生产技术科科长。对事故发生负有主要责任。给予撤职、党内严重警告处分。

(2)姚满忠，中共党员，开平区煤矿安全监督局副局长，分管煤矿安全生产技术工作，分工负责刘官屯煤矿。对事故发生负有主要领导责任。给予撤职、党内严重警告处分。

(3)谷孝存，开平区煤矿安全监督局局长、党总支书记。对事故发生负有重要领导责任。给予降级、党内严重警告处分。

(4)刘国，开平区人民政府副区长、区委委员，分管煤矿安全生产。对事故发生负有重要领导责任。给予降级、党内严重警告处分。

(5)卢宏秋，开平区人民政府区长、区委副书记。对事故的发生负有重要领导责任。给予记大过、党内警告处分。

(6)王洪胜，原开平区区委书记(2006 年 6 月 14 日已免去其区委书记、常委、委员职务)。对事故发生负有重要领导责任。对矿主出境外逃问题负有领导责任。给予党内严重警告处分。

(7)张玉祥，中共党员，唐山市安全生产监督管理局煤矿安全协调处副处长。对事故发生负有主要领导责任。给予撤职、党内严重警告处分。

(8)董广俊，中共党员，唐山市安全生产监督管理局副局长，分管煤矿安全监管工作。对事故发生负有重要领导责任。给予降级、党内严重警告处分。

(9)王树立，唐山市安全生产监督管理局局长、党组书记。对事故发生负有重要领导责任。给予记过处分。

(10)张羽，唐山市副市长，分管煤矿安全生产工作。对事故发生负有重要领导责任。给予记大过处分。

(11)张耀华，唐山市政协主席、党组书记(2006 年 9 月 30 日免去市长职务，2007 年 2 月任唐山市政协主席)。对事故发生负有重要领导责任。给予党内警告处分。

4. 对刘官屯煤矿矿主在押期间出境外逃和开平区有关干部入股煤矿问题有关人员进行了处理。移送司法机关如下 4 人：

(1)张洪学,开平区公安分局副局长。以徇私枉法罪判处有期徒刑二年缓刑三年。

(2)李国君,开平区公安分局党委副书记、副局长。以徇私枉法罪判处有期徒刑二年缓刑三年。

(3)朱文彪,个体矿主。以行贿罪判处有期徒刑三年缓刑五年。

(4)杨胜利,个体经商者。以行贿罪判处有期徒刑一年缓刑二年。

给予党纪处分如下 3 人:

(1)何汇东,开平区区委副书记、政法委书记。给予党内严重警告处分。

(2)翟子波,开平区政法委副书记。给予撤职处分。

(3)纪俊祥,开平区公安分局党委书记、局长。给予党内严重警告处分并免去其党内外职务。

(四)对事故矿井的处罚

(1)没收非法所得 948.6 万元,并处 3 倍罚款 2845.8 万元,共计 3794.4 万元。

(2)依法实施关闭。

(3)责成河北省人民政府向国务院做出深刻检查。

二、陕西省延安市子长县瓦窑堡镇煤矿"4·29"特别重大瓦斯爆炸事故

2006 年 4 月 29 日 16 时 20 分,陕西省延安市子长县瓦窑堡镇煤矿发生特别重大瓦斯爆炸事故,造成 32 人死亡、7 人受伤,直接经济损失 1031 万元。

(一)矿井概况

瓦窑堡镇煤矿属私营股份制煤矿。该矿现有的 3 个立井均在

采矿许可证批准的井田边界外，为违法生产矿井。该矿 2005 年核定的生产能力 3 万吨/年，而 2005 年全矿生产原煤 68994.8 t，2006 年 1—4 月份生产原煤 23810.4 t，属严重超能力生产。

(二)事故原因

1.事故的直接原因：由于矿井通风系统混乱，设施不完善，副井系统风量严重不足，采掘工作面长期处于微风或无风状态，导致三号工作面瓦斯积聚，达到爆炸界限；违章放炮产生火花引起瓦斯爆炸，局部煤尘参与了爆炸。

2.事故的主要原因：

(1)瓦窑堡镇煤矿违规建井，超层越界开采，拒不执行停产指令，违法组织生产；安全管理、技术管理混乱；严重超能力生产，劳动组织混乱。

(2)瓦窑堡镇政府对辖区内煤矿监管不力，未发现瓦窑堡镇煤矿长期存在的违规建井、超层越界开采、管理混乱等问题，对所属机构煤矿安全监管人员未能认真履行职责的问题失察。

(3)子长县、延安市煤炭工业局未认真履行职责，对瓦窑堡镇煤矿监管不力，有关人员工作失职。

(4)子长县、延安市国土资源局对矿产资源开采监管不到位。未发现该矿长期存在的超层越界和界外建井问题，对所属矿产办没有认真履行职责失察。

(5)子长县、延安市人民政府对辖区内煤矿安全专项整治工作检查、督促不力，对所属职能部门违规审批问题失察。

(6)铜川煤矿安全监察分局未能认真履行职责，对瓦窑堡镇煤矿安全监察不力。在审查、验收《子长县瓦窑堡镇煤矿安全出口设计安全专篇》和对瓦窑堡镇煤矿申办安全生产许可证进行现场审查时把关不严。

3.经调查认定这是一起责任事故。

(三)对事故责任人员的处理

1.移送司法部门处理13人。其中:

(1)石向阳,瓦窑堡镇煤矿副井瓦检员。涉嫌重大责任事故罪。

(2)郝连行,瓦窑堡镇煤矿股东、法人代表、矿长。涉嫌重大责任事故罪、非法采矿罪。

(3)吴小征,中共党员,瓦窑堡镇煤矿股东、子长县电力总公司副总经理。涉嫌重大责任事故罪、非法采矿罪。2003年开始在瓦窑堡镇煤矿入股,2005年在国家清理纠正国家机关工作人员和国有企业负责人投资入股煤矿时,虽然主动登记上报撤股,但仍然参与对该矿的管理,为矿上购买火工品,并组织分配等,实际是明撤暗持。

(4)吴海源,子长县国土资源局党总支书记、矿产办主任。涉嫌玩忽职守罪。

(5)贾胜强,中共党员,子长县煤炭工业局局长、县人大代表。涉嫌滥用职权罪。

2.给予党纪、政纪处分18人。其中:

(1)李建社,子长县瓦窑堡镇政府镇长、党委副书记,县人大代表。对事故发生负有主要领导责任。给予撤职、撤销党内职务处分。建议依法罢免其子长县人大代表资格。

(2)杨永春,子长县瓦窑堡镇党委书记。对事故发生负有重要领导责任。给予党内严重警告处分。

(3)孙合家,中共党员,子长县国土资源局局长。对事故发生负有重要领导责任。给予降级、党内严重警告处分。

(4)薛志明,中共党员,子长县煤炭工业局总工程师。对事故发生负有主要领导责任。给予降级、党内严重警告处分。

(5)钞中东,中共党员,子长县煤炭工业局副局长、子长县政协常委。对事故发生负有主要领导责任。给予撤职、党内严重警告处分。建议罢免其县政协常委职务。

(6)杨继武,子长县县长、县委副书记、市人大代表。对事故发生负有重要领导责任。给予记大过处分。

(7)孙杰,中共党员,延安市煤炭工业局总工程师。对事故发生负有重要领导责任。给予记大过、党内警告处分。

(8)杨晓鹤,中共党员,延安市煤炭工业局局长。对事故发生负有主要领导责任。给予降级、党内严重警告处分。

(9)徐文岳,延安市国土资源局局长、党组书记。对事故发生负有重要领导责任。给予记大过、党内警告处分。

(10)郝宝仓,延安市政府副市长。对事故发生负有重要领导责任。给予警告处分。

(11)常增随,中共党员,陕西煤矿安全监察局铜川监察分局副局长。对事故发生负有重要领导责任。给予降级、党内警告处分。

(12)南胜利,中共党员,铜川煤矿设计院子长设计室主任。对事故发生负有重要领导责任。给予党内严重警告处分。

(四)对事故矿井的处罚和有关责任单位的处理

(1)没收瓦窑堡镇煤矿全部违法所得 2110.7 万元,并处违法所得 1 倍的罚款 2110.7 万元。

(2)吊销瓦窑堡镇煤矿相关证照,依法予以关闭。

(3)陕西德诚安全生产评价有限公司评价人员在 2005 年为瓦窑堡镇煤矿办理安全生产许可证工作时,明知该矿存在 5 号煤和 3 号煤两套生产系统,存在图与实际不符、界外建井、违法开采等问题,仍出具该矿没有问题的证明材料。依法取消陕西德诚安全生产评价有限公司安全评价资质,并按规定对责任人员予以处罚。

三、重庆市"10·1"特别重大道路交通事故

2006 年 10 月 1 日 13 时 33 分,重庆公路运输(集团)利民出租汽车有限公司(以下简称公运利民公司)711 路客车驾驶员吕富华驾驶宇通客车途经嘉陵江石门大桥南引桥时发生坠桥事故,造

成30人死亡、20人受伤（其中10人重伤），直接经济损失739万元。

（一）事故单位及驾驶人基本情况

公运利民公司是重庆市交通运输控股（集团）有限责任公司所属企业重庆市公路运输（集团）公司下属的独立法人企业，为重庆市公路运输（集团）公司的子公司。该公司实行单车承包经营方式，全部车辆以公司名义购置，购车款和客运车辆指标费由车主出资。对车主实行“定额上缴、超收自留、欠收自负”的经济责任制，车主按合同约定向公司一次性交纳“责任车辆安全及财产保证金”，按月定额缴纳“经营经济指标费”。

肇事驾驶人吕富华，男，31岁，小学文化，有大型客车准驾证和从事旅客运输（大客）、货物运输从业资格证。吕富华曾于2006年3月31日凌晨驾驶渝B 41067客车在重庆市五桂路水口合药厂路段发生一起重大道路交通事故（以下简称“3·31”重大道路交通事故），造成1人死亡，经重庆市公安局交通警察总队第八支队认定，吕富华和死者在此次事故中负同等责任。

（二）事故原因

1.事故的直接原因：驾驶人吕富华在限速40公里/小时的路段上，在雨天路面湿滑的条件下，驾驶大客车进入嘉陵江石门大桥南引桥右转弯时，未降低行驶速度，车辆后轮出现向左侧滑，因处置不当，车辆冲上人行道，撞坏护栏，坠落引桥下，导致事故发生。

2.事故的主要原因：

（1）利民公司安全管理混乱，安全规章制度不落实。对运营车辆“以包代管”，没有纠正和处理承包人及驾驶人员的违法违规行为。

（2）重庆市公路运输（集团）公司未履行出资人的权利和义务，对公运利民公司管理不力。对利民公司有关人员不认真履行安全管理职责的问题失察。

(3)重庆市交通运输控股(集团)有限责任公司对本公司安全工作机构和重庆市公路运输(集团)公司履行安全生产管理职责督促检查不力,工作失察。

(4)重庆市道路运输管理局对主城区客运安全管理不到位。对上述运输企业管理混乱"以包代管"等问题失察。

3.经调查认定这是一起责任事故。

(三)对事故责任人员的处理

1.肇事车辆驾驶人吕富华已在事故中死亡,不再追究责任。对事故发生负有主要责任的人员中,移交司法机关处理4人:

(1)吕嘉,事故车辆承包人吕建国的代理人、驾驶人。没有认真履行承包代理人的责任,明知吕富华驾车造成"3·31"重大道路交通事故且负有同等责任后,违反有关规定继续聘用吕富华,对事故发生负有主要责任。

(2)杨宗义,公运利民公司安全科负责人。没有认真履行安全管理职责,明知吕富华驾车造成"3·31"重大道路交通事故且负有同等责任后,未向公司提出处理意见,对事故发生负有主要责任。

(3)张泰,公运利民公司总经理,安全生产工作的主要负责人。没有认真履行安全管理职责,明知吕富华驾车造成"3·31"重大道路交通事故且负有同等责任后,未进行处理(应解聘),对事故发生负有主要责任。

(4)张雷,公运利民公司董事长。对运营车辆的安全生产工作"以包代管",造成对驾驶人员的管理失控,对事故的发生负有主要责任。

2.给予党纪、政纪处分9人。其中:

(1)汤传明,重庆市公路运输(集团)公司总经理、党委委员,公司安全生产委员会主任。对事故发生负有主要领导责任。给予撤职、撤销党内职务处分。

(2)曾祥普，1994年至2006年6月任重庆市公路运输(集团)公司总经理、公司安委会主任；2006年6月后任重庆市交通运输控股(集团)有限责任公司董事长、党委书记、安全生产委员会主任。对事故发生负有主要领导责任。给予降级、党内严重警告处分。

(3)陈炜，重庆市公安局交警总队第八支队干警，负责交通事故处理工作。陈炜在处理吕富华"3·31"重大交通事故时，当时扣留了吕富华的驾驶证及肇事车辆。但在没有对此起事故作出认定的情况下，违反规定，于2006年4月4日私自将肇事车辆发还吕富华营运。弄虚作假，擅自将事故档案中的放车时间改写为2006年5月1日，使之与送达车辆技术检验鉴定书复印件时间相吻合，对此负有主要责任。给予降级处分。

(4)何平，重庆市公安局交警总队第八支队支队长、党支部副书记。对陈炜违规私自将渝B 41067客车放行，擅自改写事故档案的错误行为失察，对此负有重要领导责任。给予记大过、党内警告处分。

(四)对事故单位及有关部门的处理

(1)由重庆市人民政府及相关部门依据《安全生产法》和有关行政法规的规定，对相关生产经营单位及其主要负责人予以行政处罚。

(2)按照有关规定，重庆市人民政府向国务院作出书面检查报告。

四、山西省同煤集团轩岗煤电公司焦家寨煤矿"11·5"特别重大瓦斯爆炸事故

2006年11月5日11时38分，山西省同煤集团轩岗煤电公司焦家寨煤矿发生一起特别重大瓦斯爆炸事故，造成47人死亡、2人受伤，直接经济损失1213.03万元。

(一)矿井概况

山西省同煤集团轩岗煤电有限责任公司(以下简称轩煤公司)的前身为轩岗矿务局,成立于1954年。2002年1月进入政策性关闭破产法律程序,同年6月由大同煤矿集团公司整体收购,重组改制成立轩煤公司。现该公司有刘家梁矿、焦家寨矿、梨园河矿和六亩地矿四个生产矿井。

焦家寨煤矿是国有重点煤矿,隶属于轩煤公司。属高瓦斯矿井。该矿证照齐全有效。2005年矿井核定生产能力为150万吨/年。2006年1—10月份生产原煤116万吨。

(二)事故原因

1.事故的直接原因:51108进风掘进巷,局部通风机无计划停电停风造成瓦斯积聚,并达到爆炸界限;由于瓦斯—电不闭锁,在未采取排放瓦斯措施的情况下,违章送电、送风;距巷口630 m处的动力电缆两通接线盒失爆产生火花,引爆瓦斯。

2.事故的主要原因

(1)焦家寨煤矿未严格执行国家有关安全生产的法律法规,安全管理混乱,突出表现在机电管理、送风和瓦斯管理混乱。未严格执行停送电制度,机电设备失爆现象严重;51108掘进工作面瓦斯经常超限报警,虽进行了治理但一直未彻底消除隐患,工作面停电、停风后,工人经常不撤离,且在未按规定排放瓦斯的情况下重新送电;事发当天,51108进风掘进工作面曾三次停电,通风调度、生产调度和有关值班领导等均没有采取措施将作业人员撤至安全地带。此外,该矿存在超能力生产状况。

(2)轩岗煤电公司对国家有关煤矿安全生产的法律法规贯彻落实不力,安全生产责任制落实不到位,对焦家寨煤矿通风瓦斯管理混乱、机电管理混乱、超能力生产等问题督促检查不力。

3.经调查认定这是一起责任事故。

（三）对事故责任人员的处理

1.焦家寨煤矿掘进二队队长高继成已在事故中死亡，不再追究责任。移交司法机关处理3人：

（1）王治光，焦家寨煤矿掘进二队机电维修工。对事故发生负有直接责任。

（2）张进德，中共党员，焦家寨煤矿通风调度员。对事故发生负有主要责任。

（3）郭建邦，中共党员，焦家寨煤矿生产调度员。对事故发生负有主要责任。

2.受到党纪、政纪处分19人。其中：

（1）郎全红，中共党员，焦家寨煤矿总工程师。对事故发生负有主要领导责任。给予撤职、党内严重警告处分。

（2）李俊怀，中共党员，焦家寨煤矿副矿长。对事故发生负有主要领导责任。给予撤职、党内严重警告处分。

（3）李万怀，焦家寨煤矿矿长、党委委员。对事故发生负有主要领导责任。给予撤职、撤销党内职务处分；吊销其矿长资格证和煤矿企业主要负责人安全资格证，5年内不得颁发。

（4）郝焕金，焦家寨煤矿党委书记。对事故发生负有主要领导责任。给予撤销党内职务处分。

（5）罗如明，轩煤公司机电处处长、党支部书记。对事故发生负有主要领导责任。给予撤职、撤销党内职务处分。

（6）王宝宝，中共党员，轩煤公司副总经理。对事故发生负有重要领导责任。给予撤职、党内严重警告处分。

（7）卢国梁，中共党员，轩煤公司董事长、总经理，同煤集团副总经理。对事故发生负有领导责任。给予记大过、党内警告处分；吊销其煤矿企业主要负责人安全资格证，3年内不得颁发，并免去轩煤公司总经理职务。

（四）对事故矿井的处罚

山西省人民政府有关部门按规定暂扣焦家寨煤矿的采矿许可证、煤炭生产许可证等有关证照，山西煤矿安全监察局暂扣焦家寨煤矿的安全生产许可证。由山西省人民政府有关部门和同煤集团负责监督焦家寨煤矿停产整顿，限期整改。经验收合格后，方能恢复生产；逾期验收不合格，应依法实施关闭。

五、云南省曲靖市富源县后所镇昌源煤矿“11·25”特别重大瓦斯爆炸事故

2006 年 11 月 25 日 16 时 55 分，云南省曲靖市富源县后所镇昌源煤矿发生一起特别重大瓦斯爆炸事故，造成 32 人死亡，35 人受伤，直接经济损失 1660 万元。

（一）矿井概况

昌源煤矿属个体私营企业。2003 年 7 月开始筹建。2004 年 3 月，在未取得采矿许可证、无初步设计、安全专篇未经审查批准的情况下，一号井和二号井同时违法违规开工建设；2005 年 12 月，云南省煤炭工业局同意建设昌源煤矿。该矿未进行瓦斯等级鉴定，未安装瓦斯监测监控系统。2005 年 1 月—2006 年 10 月，昌源煤矿原煤产量为 45927.4 t，其中二号井 41527.4 t。此次事故发生在昌源煤矿二号井。

2006 年 1 月，该矿因手续不全被国家煤矿安监局和云南省人民政府公告为关闭矿井。

（二）事故原因

1. 事故的直接原因：矿井通风系统不合理，通风设施不合格，矿井漏风严重，放炮后涌出的瓦斯和掘进作业点溢出的瓦斯致使瓦斯积聚，达到爆炸浓度界限；因煤电钻综合保护装置供电电缆绝缘损坏，造成芯线短路，产生火花，引起瓦斯爆炸。

2.事故的主要原因

(1)昌源煤矿无视国家法律、法规,拒不执行停产指令,违规建设,非法生产。昌源煤矿二号井以包代管,特殊工种无证上岗;矿井无正规设计,采掘布置混乱;矿井漏风严重,串联通风,未安装瓦斯监测监控系统;井下机电设备失爆现象严重。

(2)后所镇煤炭分局未采取有效措施彻底制止昌源煤矿违规建设和非法生产。富源县煤炭工业局明知昌源煤矿手续不全却违规向该矿下发开工通知,明知昌源煤矿属于违规建设、非法生产矿井却研究上报置换保留该矿,且在煤矿整顿关闭工作中弄虚作假。富源县煤矿安全监督管理局对昌源煤矿违反停建指令多次打开密闭违规建设和非法生产的问题监管不力。曲靖市煤炭工业局明知昌源煤矿属于违规建设、非法生产矿井,却研究同意置换保留该矿,对煤矿整顿关闭工作中存在弄虚作假的问题失察。

(3)富源县、后所镇国土资源管理部门明知昌源煤矿在没有取得采矿许可证的情况下开工建设,却未对昌源煤矿进行查处和取缔。富源县、后所镇公安部门在昌源煤矿未提交有效工商营业执照的情况下,违规审核、批准该矿购买火工品。

(4)后所镇人民政府未能督促有关部门采取有效措施制止昌源煤矿违规建设和非法生产的违法行为。富源县人民政府对县煤炭工业局在煤矿整顿关闭工作中存在的弄虚作假问题失察。曲靖市人民政府对富源县人民政府上报的关闭矿井方案审核把关不严。

(5)南方电网集团富源县供电有限责任公司在昌源煤矿未能提供用电工程项目批准文件及完整的相关用电资料情况下违规批准供电。

(6)云南煤矿安全监察局曲靖监察分局监察三室在未到矿井现场检查的情况下,违反执法程序下达对昌源煤矿的现场处理决定书。

3.经调查认定这是一起责任事故。

(三)对事故责任人员的处理

1.移送司法部门处理12人。其中:

(1)严帮汝,昌源煤矿矿长。涉嫌重大责任事故罪。

(2)黄买权,昌源煤矿二号井投资人、承包人。涉嫌重大责任事故罪。

(3)蒋成辉,富源县煤炭工业局后所分局局长。涉嫌玩忽职守罪。

(4)敖成壁,富源县煤炭工业局党委书记、局长。涉嫌滥用职权罪。

2.给予党纪、政纪处分22人。其中:

(1)肖焕春,富源县煤炭工业局后所分局职工。对事故发生负有主要责任。给予留用察看一年处分。

(2)董默,中共党员,富源县煤炭工业局中安分局局长。对事故发生负有主要责任。给予撤职、党内严重警告处分。

(3)刘永家,富源县煤炭工业局党委副书记、县煤矿安全监督管理局局长。对事故发生负有重要领导责任。给予降级、党内严重警告处分。

(4)徐尤坤,曲靖市煤炭工业局党委书记、局长。对事故发生负有主要领导责任。给予撤职、撤销党内职务处分。

(5)孙家奇,富源县林业局党总支书记。2003年1月至2006年10月任中安镇镇长、党委副书记。期间,明知富源县关闭矿井情况呈报表中遣散职工花名册、矿井建设投入统计表以及关闭井口前后照片是伪造的,却在关闭矿井情况呈报表上签字同意上报,对此负有主要责任。给予撤销党内职务处分。

(6)王绍江,中共党员,富源县国土资源局局长。对事故发生负有重要领导责任。给予记大过、党内警告处分。

(7)胡永海,中共党员,富源县公安局治安大队副大队长,负责火工品审批工作。对事故发生负有重要领导责任。给予记大过、党内警告处分。

(8)袁常德，富源县后所镇党委书记。对事故发生负有主要领导责任。给予撤销党内职务处分。

(9)陈金林，富源县县委常委、常务副县长。对事故发生负有重要领导责任。给予降级、党内严重警告处分。

(10)彭志能，富源县县委副书记、县长。对事故发生负有重要领导责任。给予记大过、党内警告处分。

(11)张浩兴，中共党员，南方电网集团富源县供电有限责任公司市场营销部主任。对事故发生负有重要责任。给予记大过、党内警告处分。

(四)对事故煤矿的处罚及对有关部门的处理

(1)没收昌源煤矿违法所得734.8万元，并处违法所得5倍的罚款3674万元。

(2)依法关闭昌源煤矿。

六、山西晋城“3·18”矿难22名责任人被判刑

2007年4月27日上午，山西省晋城市中级人民法院对苗匠煤矿“3·18”矿难瞒报事故责任人进行公开宣判，苗匠煤矿投资人王建军被判处无期徒刑，同时获刑的还有晋城市城区西上庄办事处主任姬建龙等22名相关人员。至此，造成21名矿工死亡的责任人终于受到了法律的制裁。

2007年3月18日18时许，山西省晋城市城区西上庄办事处苗匠联办煤矿发生特大瓦斯燃烧事故，致使井下21名矿工死亡。

晋城市人民检察院指控，苗匠煤矿在停产整顿期间，该矿投资人王建军、副矿长宋天炉购买炸药70箱计1680 kg、雷管400枚用来非法生产，案发后从井下查获炸药169.2 kg、雷管39枚。2006年1月1日，晋城市城区安全生产监督管理局给该矿下达了停产

(业)通知书后,同年3月,经山西省资源整合领导组核准为整合保留矿井。至2007年1月,该矿采矿许可证等主要证件相继过期,并被主管部门暂扣,至今处于停产整顿阶段。同年2月起,王建军、宋天炉与该矿另一投资人潘完旦、法人代表(矿长)苗明庆、安全副矿长赵永军在许可证被暂扣的情况下,未经批准,非法组织生产,期间,相关监管部门多次下达停产通知书,该矿置之不理,继续生产。2007年1月中旬,该矿擅自越层开采,造成煤炭资源破坏总价值为869.44万元。2007年1月起,该矿为开采9#煤层,擅自拆除3#煤层安全出口转梯改为提升井,并向下延伸开采9#煤层,形成独眼井。在不具备安全生产条件的情况下,该矿井下打工人员包工头吴兴林、小包工头(带班长)汪大志、乐世洪组织未经安全培训的工人违章冒险井下作业。期间,赵永军在明知该矿存在诸多重大安全隐患的情况下,不履行职责,未予制止纠正。2007年3月18日18时许,该矿发生特大瓦斯燃烧事故,致井下21名矿工死亡。

检察机关指控,事故发生后,宋天炉、潘完旦、王建军三人未积极采取有效救助措施,对该起事故隐瞒不报,还安排有关人员封锁事故消息,并安排吴兴林将矿上的其他外地民工遣散,将遇难矿工家属集中到河南省焦作市私下协商赔偿事宜。3月20日下午,晋城市煤监局工作人员到苗匠煤矿查问是否发生事故时,宋天炉、王建军答复没有发生事故。当日下午,为防止主管部门再次检查,王建军和宋天炉组织该矿机电工苗炳生和苗广忠、技术员张全太和秦末顺、铲车司机李小会等人将出事井口电缆线剪断,风机藏起,并用铲车将绞车、电缆线等掩埋。

晋城市中级人民法院对此案进行公开审理后认为,被告人王建军、宋天炉、苗明庆违反国家对爆炸物品的管理规定,非法购买爆炸物,情节严重;违反矿产资源法的规定,未取得采矿许可证擅自采矿,经责令停止开采拒不停止,造成矿产资源严重破坏;在生产作业中违反有关安全管理的规定，违章冒险作业，造成21人死亡的严重后果，情节特别恶劣；在事故发生后，不报、谎报事故情况，贻误事故抢救，情节严重。被告人王建军、宋天炉的行为均已构成非法买卖爆炸物罪，非法采矿罪，重大责任事故罪，不报、谎报安全事故罪；被告人苗明庆的行为构成非法买卖爆炸物罪、非法采矿罪、重大责任事故罪、不报安全事故罪；对该三被告人均应数罪并罚。

经法院审理，被告人王建军被依法判处无期徒刑，剥夺政治权利终身，并处罚金100万元；被告人苗明庆有期徒刑二十年，并处罚金20万元；被告人宋天炉有期徒刑二十年，并处罚金100万元；被告人潘完旦有期徒刑十三年，并处罚金200万元；被告人赵永军有期徒刑十一年，并处罚金40万元；被告人李小会、秦末顺等人分别被判处有期徒刑一年六个月到六年六个月不等。

此外，与案件有关的晋城市城区西上庄办事处主任姬建龙、西上庄办事处副主任兼安检站站长陈会方、晋城市安全生产监督管理局安监一科西上庄安全监察站站长刘朝阳、西上庄办事处企业管理办公室煤管员兼煤矿安全检查组组长宋岐屯、晋城市城区安监局派驻西上庄办事处苗匠煤矿驻矿安监员李林屯、西上庄办事处企业管理办公室主任兼安检站办公室主任、矿业秩序整顿检查组组长宋复马等7名被告人也被一审依法以犯玩忽职守罪判处三年至七年不等的有期徒刑。晋城市国土资源局城区分局西上庄国土资源所所长刘新元被一审依法以玩忽职守罪和挪用公款罪判处有期徒刑七年。

附录 相关法规标准

一、《中华人民共和国安全生产法》(节选)

中华人民共和国安全生产法(节选)

中华人民共和国主席令 第70号

《中华人民共和国安全生产法》已由中华人民共和国第九届全国人民代表大会常务委员会第二十八次会议于2002年6月29日通过,现予公布,自2002年11月1日起施行。

中华人民共和国主席 江泽民

2002年6月29日

第四条 生产经营单位必须遵守本法和其他有关安全生产的法律、法规，加强安全生产管理，建立、健全安全生产责任制度，完善安全生产条件，确保安全生产。

第五条 生产经营单位的主要负责人对本单位的安全生产工作全面负责。第六条 生产经营单位的从业人员有依法获得安全生产保障的权利，并应当依法履行安全生产方面的义务。

第七条 工会依法组织职工参加本单位安全生产工作的民主管理和民主监督，维护职工在安全生产方面的合法权益。

第八条 国务院和地方各级人民政府应当加强对安全生产工作的领导，支持、督促各有关部门依法履行安全生产监督管理职责。

县级以上人民政府对安全生产监督管理中存在的重大问题应当及时予以协调、解决。

第十条 国务院有关部门应当按照保障安全生产的要求，依法及时制定有关的国家标准或者行业标准，并根据科技进步和经济发展适时修订。

生产经营单位必须执行依法制定的保障安全生产的国家标准或者行业标准。

第十三条 国家实行生产安全事故责任追究制度，依照本法和有关法律、法规的规定，追究生产安全事故责任人员的法律责任。

第十六条 生产经营单位应当具备本法和有关法律、行政法规和国家标准或者行业标准规定的安全生产条件；不具备安全生产条件的，不得从事生产经营活动。

第十七条 生产经营单位的主要负责人对本单位安全生产工作负有下列职责：

（一）建立、健全本单位安全生产责任制；

（二）组织制定本单位安全生产规章制度和操作规程；

（三）保证本单位安全生产投入的有效实施；

（四）督促、检查本单位的安全生产工作，及时消除生产安全事故隐患；

（五）组织制定并实施本单位的生产安全事故应急救援预案；

（六）及时、如实报告生产安全事故。

第十八条 生产经营单位应当具备的安全生产条件所必需的资金投入，由生产经营单位的决策机构、主要负责人或者个人经营的投资人予以保证，并对由于安全生产所必需的资金投入不足导致的后果承担责任。

第十九条 矿山、建筑施工单位和危险物品的生产、经营、储存单位，应当设置安全生产管理机构或者配备专职安全生产管理人员。

前款规定以外的其他生产经营单位，从业人员超过三百人的，应当设置安全生产管理机构或者配备专职安全生产管理人员；从业人员在三百人以下的，应当配备专职或者兼职的安全生产管理人员，或者委托具有国家规定的相关专业技术资格的工程技术人员提供安全生产管理服务。

生产经营单位依照前款规定委托工程技术人员提供安全生产管理服务的，保证安全生产的责任仍由本单位负责。

第二十条 生产经营单位的主要负责人和安全生产管理人员必须具备与本单位所从事的生产经营活动相应的安全生产知识和管理能力。

危险物品的生产、经营、储存单位以及矿山、建筑施工单位的主要负责人和安全生产管理人员，应当由有关主管部门对其安全生产知识和管理能力考核合格后方可任职。考核不得收费。

第二十一条 生产经营单位应当对从业人员进行安全生产教育和培训，保证从业人员具备必要的安全生产知识，熟悉有关的安全生产规章制度和安全操作规程，掌握本岗位的安全操作技能。

未经安全生产教育和培训合格的从业人员，不得上岗作业。

第二十二条 生产经营单位采用新工艺、新技术、新材料或者使用新设备，必须了解、掌握其安全技术特性，采取有效的安全防护措施，并对从业人员进行专门的安全生产教育和培训。

第二十三条 生产经营单位的特种作业人员必须按照国家有关规定经专门的安全作业培训，取得特种作业操作资格证书，方可上岗作业。

特种作业人员的范围由国务院负责安全生产监督管理的部门会同国务院有关部门确定。

第二十四条 生产经营单位新建、改建、扩建工程项目（以下统称建设项目）的安全设施，必须与主体工程同时设计、同时施工、同时投入生产和使用。安全设施投资应当纳入建设项目概算。

第二十五条 矿山建设项目和用于生产、储存危险物品的建设项目，应当分别按照国家有关规定进行安全条件论证和安全评价。

第二十六条 建设项目安全设施的设计人、设计单位应当对安全设施设计负责。

矿山建设项目和用于生产、储存危险物品的建设项目的安全设施设计应当按照国家有关规定报经有关部门审查，审查部门及其负责审查的人员对审查结果负责。

第二十七条 矿山建设项目和用于生产、储存危险物品的建设项目的施工单位必须按照批准的安全设施设计施工，并对安全设施的工程质量负责。

矿山建设项目和用于生产、储存危险物品的建设项目竣工投入生产或者使用前，必须依照有关法律、行政法规的规定对安全设施进行验收；验收合格后，方可投入生产和使用。验收部门及其验收人员对验收结果负责。

第二十八条 生产经营单位应当在有较大危险因素的生产经

营场所和有关设施、设备上，设置明显的安全警示标志。

第二十九条 安全设备的设计、制造、安装、使用、检测、维修、改造和报废，应当符合国家标准或者行业标准。

生产经营单位必须对安全设备进行经常性维护、保养，并定期检测，保证正常运转。维护、保养、检测应当作好记录，并由有关人员签字。

第三十条 生产经营单位使用的涉及生命安全、危险性较大的特种设备，以及危险物品的容器、运输工具，必须按照国家有关规定，由专业生产单位生产，并经取得专业资质的检测、检验机构检测、检验合格，取得安全使用证或者安全标志，方可投入使用。检测、检验机构对检测、检验结果负责。

涉及生命安全、危险性较大的特种设备的目录由国务院负责特种设备安全监督管理的部门制定，报国务院批准后执行。

第三十一条 国家对严重危及生产安全的工艺、设备实行淘汰制度。

生产经营单位不得使用国家明令淘汰、禁止使用的危及生产安全的工艺、设备。

第三十二条 生产、经营、运输、储存、使用危险物品或者处置废弃危险物品的，由有关主管部门依照有关法律、法规的规定和国家标准或者行业标准审批并实施监督管理。

生产经营单位生产、经营、运输、储存、使用危险物品或者处置废弃危险物品，必须执行有关法律、法规和国家标准或者行业标准，建立专门的安全管理制度，采取可靠的安全措施，接受有关主管部门依法实施的监督管理。

第三十三条 生产经营单位对重大危险源应当登记建档，进行定期检测、评估、监控，并制定应急预案，告知从业人员和相关人员在紧急情况下应当采取的应急措施。

生产经营单位应当按照国家有关规定将本单位重大危险源及

有关安全措施、应急措施报有关地方人民政府负责安全生产监督管理的部门和有关部门备案。

第三十四条 生产、经营、储存、使用危险物品的车间、商店、仓库不得与员工宿舍在同一座建筑物内，并应当与员工宿舍保持安全距离。

生产经营场所和员工宿舍应当设有符合紧急疏散要求、标志明显、保持畅通的出口。禁止封闭、堵塞生产经营场所或者员工宿舍的出口。

第三十五条 生产经营单位进行爆破、吊装等危险作业，应当安排专门人员进行现场安全管理，确保操作规程的遵守和安全措施的落实。

第三十六条 生产经营单位应当教育和督促从业人员严格执行本单位的安全生产规章制度和安全操作规程；并向从业人员如实告知作业场所和工作岗位存在的危险因素、防范措施以及事故应急措施。

第三十七条 生产经营单位必须为从业人员提供符合国家标准或者行业标准的劳动防护用品，并监督、教育从业人员按照使用规则佩戴、使用。

第三十八条 生产经营单位的安全生产管理人员应当根据本单位的生产经营特点，对安全生产状况进行经常性检查；对检查中发现的安全问题，应当立即处理；不能处理的，应当及时报告本单位有关负责人。检查及处理情况应当记录在案。

第三十九条 生产经营单位应当安排用于配备劳动防护用品、进行安全生产培训的经费。

第四十条 两个以上生产经营单位在同一作业区域内进行生产经营活动，可能危及对方生产安全的，应当签订安全生产管理协议，明确各自的安全生产管理职责和应当采取的安全措施，并指定专职安全生产管理人员进行安全检查与协调。

第四十一条　生产经营单位不得将生产经营项目、场所、设备发包或者出租给不具备安全生产条件或者相应资质的单位或者个人。

生产经营项目、场所有多个承包单位、承租单位的，生产经营单位应当与承包单位、承租单位签订专门的安全生产管理协议，或者在承包合同、租赁合同中约定各自的安全生产管理职责；生产经营单位对承包单位、承租单位的安全生产工作统一协调、管理。

第四十二条　生产经营单位发生重大生产安全事故时，单位的主要负责人应当立即组织抢救，并不得在事故调查处理期间擅离职守。

第四十三条　生产经营单位必须依法参加工伤社会保险，为从业人员缴纳保险费。

第三章　从业人员的权利和义务

第四十四条　生产经营单位与从业人员订立的劳动合同，应当载明有关保障从业人员劳动安全、防止职业危害的事项，以及依法为从业人员办理工伤社会保险的事项。

生产经营单位不得以任何形式与从业人员订立协议，免除或者减轻其对从业人员因生产安全事故伤亡依法应承担的责任。

第四十五条　生产经营单位的从业人员有权了解其作业场所和工作岗位存在的危险因素、防范措施及事故应急措施，有权对本单位的安全生产工作提出建议。

第四十六条　从业人员有权对本单位安全生产工作中存在的问题提出批评、检举、控告；有权拒绝违章指挥和强令冒险作业。

生产经营单位不得因从业人员对本单位安全生产工作提出批评、检举、控告或者拒绝违章指挥、强令冒险作业而降低其工资、福利等待遇或者解除与其订立的劳动合同。

第四十七条 从业人员发现直接危及人身安全的紧急情况时，有权停止作业或者在采取可能的应急措施后撤离作业场所。

生产经营单位不得因从业人员在前款紧急情况下停止作业或者采取紧急撤离措施而降低其工资、福利等待遇或者解除与其订立的劳动合同。

第四十八条 因生产安全事故受到损害的从业人员，除依法享有工伤社会保险外，依照有关民事法律尚有获得赔偿的权利的，有权向本单位提出赔偿要求。

第四十九条 从业人员在作业过程中，应当严格遵守本单位的安全生产规章制度和操作规程，服从管理，正确佩戴和使用劳动防护用品。

第五十条 从业人员应当接受安全生产教育和培训，掌握本职工作所需的安全生产知识，提高安全生产技能，增强事故预防和应急处理能力。

第五十一条 从业人员发现事故隐患或者其他不安全因素，应当立即向现场安全生产管理人员或者本单位负责人报告；接到报告的人员应当及时予以处理。

第五十二条 工会有权对建设项目的安全设施与主体工程同时设计、同时施工、同时投入生产和使用进行监督，提出意见。

工会对生产经营单位违反安全生产法律、法规，侵犯从业人员合法权益的行为，有权要求纠正；发现生产经营单位违章指挥、强令冒险作业或者发现事故隐患时，有权提出解决的建议，生产经营单位应当及时研究答复；发现危及从业人员生命安全的情况时，有权向生产经营单位建议组织从业人员撤离危险场所，生产经营单位必须立即作出处理。

工会有权依法参加事故调查，向有关部门提出处理意见，并要求追究有关人员的责任。

第四章　安全生产的监督管理

第五十三条　县级以上地方各级人民政府应当根据本行政区域内的安全生产状况，组织有关部门按照职责分工，对本行政区域内容易发生重大生产安全事故的生产经营单位进行严格检查；发现事故隐患，应当及时处理。

第五十四条　依照本法第九条规定对安全生产负有监督管理职责的部门（以下统称负有安全生产监督管理职责的部门）依照有关法律、法规的规定，对涉及安全生产的事项需要审查批准（包括批准、核准、许可、注册、认证、颁发证照等，下同）或者验收的，必须严格依照有关法律、法规和国家标准或者行业标准规定的安全生产条件和程序进行审查；不符合有关法律、法规和国家标准或者行业标准规定的安全生产条件的，不得批准或者验收通过。对未依法取得批准或者验收合格的单位擅自从事有关活动的，负责行政审批的部门发现或者接到举报后应当立即予以取缔，并依法予以处理。对已经依法取得批准的单位，负责行政审批的部门发现其不再具备安全生产条件的，应当撤销原批准。

第五十五条　负有安全生产监督管理职责的部门对涉及安全生产的事项进行审查、验收，不得收取费用；不得要求接受审查、验收的单位购买其指定品牌或者指定生产、销售单位的安全设备、器材或者其他产品。

第五十六条　负有安全生产监督管理职责的部门依法对生产经营单位执行有关安全生产的法律、法规和国家标准或者行业标准的情况进行监督检查，行使以下职权：

（一）进入生产经营单位进行检查，调阅有关资料，向有关单位和人员了解情况。

（二）对检查中发现的安全生产违法行为，当场予以纠正或者要求限期改正；对依法应当给予行政处罚的行为，依照本法和其他有关法律、行政法规的规定作出行政处罚决定。

（三）对检查中发现的事故隐患，应当责令立即排除；重大事故隐患排除前或者排除过程中无法保证安全的，应当责令从危险区域内撤出作业人员，责令暂时停产停业或者停止使用；重大事故隐患排除后，经审查同意，方可恢复生产经营和使用。

（四）对有根据认为不符合保障安全生产的国家标准或者行业标准的设施、设备、器材予以查封或者扣押，并应当在十五日内依法作出处理决定。

监督检查不得影响被检查单位的正常生产经营活动。

第五十七条 生产经营单位对负有安全生产监督管理职责的部门的监督检查人员（以下统称安全生产监督检查人员）依法履行监督检查职责，应当予以配合，不得拒绝、阻挠。

第五十八条 安全生产监督检查人员应当忠于职守，坚持原则，秉公执法。安全生产监督检查人员执行监督检查任务时，必须出示有效的监督执法证件；对涉及被检查单位的技术秘密和业务秘密，应当为其保密。

第五十九条 安全生产监督检查人员应当将检查的时间、地点、内容、发现的问题及其处理情况，作出书面记录，并由检查人员和被检查单位的负责人签字；被检查单位的负责人拒绝签字的，检查人员应当将情况记录在案，并向负有安全生产监督管理职责的部门报告。

第六十条 负有安全生产监督管理职责的部门在监督检查中，应当互相配合，实行联合检查；确需分别进行检查的，应当互通情况，发现存在的安全问题应当由其他有关部门进行处理的，应当及时移送其他有关部门并形成记录备查，接受移送的部门应当及时进行处理。

第六十一条 监察机关依照行政监察法的规定，对负有安全生产监督管理职责的部门及其工作人员履行安全生产监督管理职责实施监察。

第六十二条 承担安全评价、认证、检测、检验的机构应当具备国家规定的资质条件，并对其作出的安全评价、认证、检测、检验的结果负责。

第六十三条 负有安全生产监督管理职责的部门应当建立举报制度，公开举报电话、信箱或者电子邮件地址，受理有关安全生产的举报；受理的举报事项经调查核实后，应当形成书面材料；需要落实整改措施的，报经有关负责人签字并督促落实。

第六十四条 任何单位或者个人对事故隐患或者安全生产违法行为，均有权向负有安全生产监督管理职责的部门报告或者举报。

第六十五条 居民委员会、村民委员会发现其所在区域内的生产经营单位存在事故隐患或者安全生产违法行为时，应当向当地人民政府或者有关部门报告。

第六十六条 县级以上各级人民政府及其有关部门对报告重大事故隐患或者举报安全生产违法行为的有功人员，给予奖励。具体奖励办法由国务院负责安全生产监督管理的部门会同国务院财政部门制定。

第六十七条 新闻、出版、广播、电影、电视等单位有进行安全生产宣传教育的义务，有对违反安全生产法律、法规的行为进行舆论监督的权利。

第五章 生产安全事故的应急救援与调查处理

第六十八条 县级以上地方各级人民政府应当组织有关部门制定本行政区域内特大生产安全事故应急救援预案，建立应急救援体系。

第六十九条 危险物品的生产、经营、储存单位以及矿山、建筑施工单位应当建立应急救援组织；生产经营规模较小，可以不建立应急救援组织的，应当指定兼职的应急救援人员。

危险物品的生产、经营、储存单位以及矿山、建筑施工单位应当配备必要的应急救援器材、设备，并进行经常性维护、保养，保证正常运转。

第七十条 生产经营单位发生生产安全事故后，事故现场有关人员应当立即报告本单位负责人。

单位负责人接到事故报告后，应当迅速采取有效措施，组织抢救，防止事故扩大，减少人员伤亡和财产损失，并按照国家有关规定立即如实报告当地负有安全生产监督管理职责的部门，不得隐瞒不报、谎报或者拖延不报，不得故意破坏事故现场、毁灭有关证据。

第七十一条 负有安全生产监督管理职责的部门接到事故报告后，应当立即按照国家有关规定上报事故情况。负有安全生产监督管理职责的部门和有关地方人民政府对事故情况不得隐瞒不报、谎报或者拖延不报。

第七十二条 有关地方人民政府和负有安全生产监督管理职责的部门的负责人接到重大生产安全事故报告后，应当立即赶到事故现场，组织事故抢救。

任何单位和个人都应当支持、配合事故抢救，并提供一切便利条件。

二、《生产安全事故报告和调查处理条例》罚款处罚暂行规定

《生产安全事故报告和调查处理条例》罚款处罚暂行规定

国家安全生产监督管理总局令　第13号

《〈生产安全事故报告和调查处理条例〉罚款处罚暂行规定》已经2007年7月3日国家安全生产监督管理总局局长办公会议审议通过，现予公布，自公布之日起施行。

局长　李毅中

二〇〇七年七月十二日

《生产安全事故报告和调查处理条例》罚款处罚暂行规定

第一条　为防止和减少生产安全事故，严格追究生产安全事故发生单位及其有关责任人员的法律责任，正确适用事故罚款的行政处罚，依照《生产安全事故报告和调查处理条例》（以下简称《条例》）的规定，制定本规定。

第二条　安全生产监督管理部门和煤矿安全监察机构对生产安全事故发生单位（以下简称事故发生单位）及其主要负责人、直接负责的主管人员和其他责任人员等有关责任人员实施罚款的行政处罚，适用本规定。

法律、行政法规对行政处罚的种类、幅度和决定机关另有规定的，依照其规定。

第三条　本规定所称事故发生单位是指对事故发生负有责任的生产经营单位。

本规定所称主要负责人是指有限责任公司、股份有限公司的董事长或者总经理或者个人经营的投资人，其他生产经营单位的厂长、经理、局长、矿长（含实际控制人、投资人）等人员。

第四条　本规定所称事故发生单位主要负责人、直接负责的主管人员和其他直接责任人员的上一年年收入，属于国有生产经营单位的，是指该单位上级主管部门所确定的上一年年收入总额；属于非国有生产经营单位的，是指经财务、税务部门核定的上一年年收入总额。

第五条　《条例》所称的迟报、漏报、谎报和瞒报，依照下列情形认定：

（一）报告事故的时间超过规定时限的，属于迟报；

（二）因过失对应当上报的事故或者事故发生的时间、地点、类别、伤亡人数、直接经济损失等内容遗漏未报的，属于漏报；

（三）故意不如实报告事故发生的时间、地点、类别、伤亡人数、直接经济损失等有关内容的，属于谎报；

（四）故意隐瞒已经发生的事故，并经有关部门查证属实的，属于瞒报。

第六条　对事故发生单位及其有关责任人员处以罚款的行政处罚，依照下列规定决定：

（一）对发生特别重大事故的单位及其有关责任人员罚款的行政处罚，由国家安全生产监督管理总局决定；

（二）对发生重大事故的单位及其有关责任人员罚款的行政处罚，由省级人民政府安全生产监督管理部门决定；

（三）对发生较大事故的单位及其有关责任人员罚款的行政处罚，由设区的市级人民政府安全生产监督管理部门决定；

（四）对发生一般事故的单位及其有关责任人员罚款的行政处罚，由县级人民政府安全生产监督管理部门决定。

上级安全生产监督管理部门可以指定下一级安全生产监督管理部门对事故发生单位及其有关责任人员实施行政处罚。

第七条　对煤矿事故发生单位及其有关责任人员处以罚款的行政处罚，依照下列规定执行：

（一）对发生特别重大事故的煤矿及其有关责任人员罚款的行政处罚，由国家煤矿安全监察局决定；

（二）对发生重大事故和较大事故的煤矿及其有关责任人员罚款的行政处罚，由省级煤矿安全监察机构决定；

（三）对发生一般事故的煤矿及其有关责任人员罚款的行政处罚，由省级煤矿安全监察机构所属分局决定。

上级煤矿安全监察机构可以指定下一级煤矿安全监察机构对事故发生单位及其有关责任人员实施行政处罚。

第八条 特别重大事故以下等级事故，事故发生地与事故发生单位所在地不在同一个县级以上行政区域的，由事故发生地的安全生产监督管理部门或者煤矿安全监察机构依照本规定第六条或者第七条规定的权限实施行政处罚。

第九条 安全生产监督管理部门和煤矿安全监察机构对事故发生单位及其有关责任人员实施罚款的行政处罚，依照《安全生产违法行为行政处罚办法》规定的程序执行。

第十条 事故发生单位及其有关责任人员对安全生产监督管理部门和煤矿安全监察机构给予的行政处罚，享有陈述、申辩的权利；对行政处罚不服的，有权依法申请行政复议或者提起行政诉讼。

第十一条 事故发生单位主要负责人有《条例》第三十五条规定的行为之一的，依照下列规定处以罚款：

（一）事故发生单位主要负责人在事故发生后不立即组织事故抢救的，处上一年年收入80%的罚款；

（二）事故发生单位主要负责人迟报或者漏报事故的，处上一年年收入40%至60%的罚款；

（三）事故发生单位主要负责人在事故调查处理期间擅离职守的，处上一年年收入60%至80%的罚款。

第十二条 事故发生单位有《条例》第三十六条规定的行为之一的，依照下列规定处以罚款：

（一）没有贻误事故抢救的，处100万元以上200万元以下的罚款；

（二）贻误事故抢救或者造成事故扩大或者影响事故调查的，处200万元以上300万元以下的罚款；

（三）贻误事故抢救或者造成事故扩大或者影响事故调查，手段恶劣，情节严重的，处300万元以上500万元以下的罚款。

第十三条 事故发生单位的主要负责人、直接负责的主管人员和其他直接责任人员有《条例》第三十六条规定的行为之一的，依照下列规定处以罚款：

（一）谎报、瞒报事故的，处上一年年收入60%至80%的罚款；

（二）伪造、故意破坏事故现场，或者转移、隐匿资金、财产、销毁有关证据、资料，或者拒绝接受调查，或者拒绝提供有关情况和资料，或者在事故调查中作伪证，或者指使他人作伪证的，处上一年年收入80%至90%的罚款；

（三）事故发生后逃匿的，处上一年年收入100%的罚款。

第十四条 事故发生单位对造成3人以下死亡，或者3人以上10人以下重伤（包括急性工业中毒），或者300万元以上1000万元以下直接经济损失的事故负有责任的，处10万元以上20万元以下的罚款。

第十五条 事故发生单位对较大事故发生负有责任的，依照下列规定处以罚款：

（一）造成3人以上6人以下死亡，或者10人以上30人以下重伤（包括急性工业中毒），或者1000万元以上3000万元以下直接经济损失的，处20万元以上30万元以下的罚款；

（二）造成6人以上10人以下死亡，或者30人以上50人以下重伤（包括急性工业中毒），或者3000万元以上5000万元以下直接经济损失的，处30万元以上50万元以下的罚款。

第十六条 事故发生单位对重大事故发生负有责任的，依照下列规定处以罚款：

（一）造成10人以上15人以下死亡，或者50人以上70人以下重伤（包括急性工业中毒），或者5000万元以上7000万元以下直接经济损失的，处50万元以上100万元以下的罚款；

（二）造成15人以上30人以下死亡，或者70人以上100人以下重伤（包括急性工业中毒），或者7000万元以上1亿元以下直接经济损失的，处100万元以上200万元以下的罚款。

第十七条　事故发生单位对特别重大事故发生负有责任的，处 200 万元以上 500 万元以下的罚款。

第十八条　事故发生单位主要负责人未依法履行安全生产管理职责，导致事故发生的，依照下列规定处以罚款：

（一）发生一般事故的，处上一年年收入 30％的罚款；

（二）发生较大事故的，处上一年年收入 40％的罚款；

（三）发生重大事故的，处上一年年收入 60％的罚款；

（四）发生特别重大事故的，处上一年年收入 80％的罚款。

第十九条　法律、行政法规对发生事故的单位及其有关责任人员规定的罚款幅度与本规定不同的，按照较高的幅度处以罚款，但对同一违法行为不得重复罚款。

第二十条　违反《条例》和本规定，事故发生单位及其有关责任人员有两种以上应当处以罚款的行为的，安全生产监督管理部门或者煤矿安全监察机构应当分别裁量，合并作出处罚决定。

第二十一条　对事故发生负有责任的其他单位及其有关责任人员处以罚款的行政处罚，依照相关法律、法规和规章的规定实施。

第二十二条　本规定所称的“以上”包括本数，所称的“以下”不包括本数。

第二十三条　本规定自公布之日起施行。

三、煤矿生产安全事故报告和调查处理规定

国家安全监管总局国家煤矿安监局关于印发煤矿生产安全事故报告和调查处理规定的通知

安监总政法〔2008〕212号

各省、自治区、直辖市及新疆生产建设兵团安全生产监督管理局、煤矿安全监管部门，各省级煤矿安全监察机构：

为了规范煤矿生产安全事故的报告和调查处理，现将《煤矿生产安全事故报告和调查处理规定》印发给你们，自印发之日起施行。

国家安全生产监督管理总局

国家煤矿安全监察局

二〇〇八年十二月十一日

煤矿生产安全事故报告和调查处理规定

第一章 总则

第一条 为了规范煤矿生产安全事故报告和调查处理，落实事故责任追究，防止和减少煤矿生产安全事故，依照《生产安全事故报告和调查处理条例》、《煤矿安全监察条例》和国务院有关规定，制定本规定。

第二条 本规定所称煤矿生产安全事故(以下简称事故)，是指各类煤矿(包括与煤炭生产直接相关的煤矿地面生产系统、附属场所)发生的生产安全事故。

第三条 特别重大事故由国务院或者根据国务院授权，由国家安全生产监督管理总局组织调查处理。

特别重大事故以下等级的事故按照事故等级划分，分别由相应的煤矿安全监察机构负责组织调查处理。

未设立煤矿安全监察分局的省级煤矿安全监察机构，由省级煤矿安全监察机构履行煤矿安全监察分局的职责。

第二章 事故分级

第四条 根据事故造成的人员伤亡或者直接经济损失，煤矿事故分为以下等级：

(一)特别重大事故，是指造成30人以上死亡，或者100人以上重伤(包括急性工业中毒，下同)，或者1亿元以上直接经济损失的事故；

(二)重大事故，是指造成10人以上30人以下死亡，或者50

人以上100人以下重伤，或者5000万元以上1亿元以下直接经济损失的事故；

（三）较大事故，是指造成3人以上10人以下死亡，或者10人以上50人以下重伤，或者1000万元以上5000万元以下直接经济损失的事故；

（四）一般事故，是指造成3人以下死亡，或者10人以下重伤，或者1000万元以下直接经济损失的事故。

本条所称的“以上”包括本数，所称的“以下”不包括本数。

第五条　事故中的死亡人员依据公安机关或者具有资质的医疗机构出具的证明材料进行确定，重伤人员依据具有资质的医疗机构出具的证明材料进行确定。

第六条　事故造成的直接经济损失包括：

（一）人身伤亡后所支出的费用，含医疗费用（含护理费用），丧葬及抚恤费用，补助及救济费用，歇工工资；

（二）善后处理费用，含处理事故的事务性费用，现场抢救费用，清理现场费用，事故赔偿费用；

（三）财产损失价值，含固定资产损失价值，流动资产损失价值。

第七条　事故发生单位应当按照规定及时统计直接经济损失。发生特别重大事故以下等级的事故，事故发生单位为省属以下煤矿企业的，其直接经济损失经企业上级政府主管部门（单位）审核后书面报组织事故调查的煤矿安全监察机构；事故发生单位为省属以上（含省属）煤矿企业的，其直接经济损失经企业集团公司或者企业上级政府主管部门审核后书面报组织事故调查的煤矿安全监察机构。特别重大事故的直接经济损失报国家安全生产监督管理总局。

第八条　自事故发生之日起30日内，事故造成的伤亡人数发生变化的，应当按照变化后的伤亡人数重新确定事故等级。

第九条 事故抢险救援时间超过30日的，应当在抢险救援结束后重新核定事故伤亡人数或者直接经济损失。重新核定的事故伤亡人数或者直接经济损失与原报告不一致的，按照重新核定的事故伤亡人数或者直接经济损失确定事故等级。

第三章 事故报告

第十条 煤矿发生事故后，事故现场有关人员应当立即报告煤矿负责人；煤矿负责人接到报告后，应当于1小时内报告事故发生地县级以上人民政府安全生产监督管理部门、负责煤矿安全生产监督管理的部门和驻地煤矿安全监察机构。

情况紧急时，事故现场有关人员可以直接向事故发生地县级以上人民政府安全生产监督管理部门、负责煤矿安全生产监督管理的部门和煤矿安全监察机构报告。

第十一条 煤矿安全监察分局接到事故报告后，应当在2小时内上报省级煤矿安全监察机构。

省级煤矿安全监察机构接到较大事故以上等级事故报告后，应当在2小时内上报国家安全生产监督管理总局、国家煤矿安全监察局。

国家安全生产监督管理总局、国家煤矿安全监察局接到特别重大事故、重大事故报告后，应当在2小时内上报国务院。

第十二条 地方人民政府安全生产监督管理部门和负责煤矿安全生产监督管理的部门接到煤矿事故报告后，应当在2小时内报告本级人民政府、上级人民政府安全生产监督管理部门、负责煤矿安全生产监督管理的部门和驻地煤矿安全监察机构，同时通知公安机关、劳动保障行政部门、工会和人民检察院。

第十三条 报告事故应当包括下列内容：

（一）事故发生单位概况（单位全称、所有制形式和隶属关系、生产能力、证照情况等)；

(二)事故发生的时间、地点以及事故现场情况；

(三)事故类别(顶板、瓦斯、机电、运输、放炮、水害、火灾、其他)；

(四)事故的简要经过，入井人数、生还人数和生产状态等；

(五)事故已经造成伤亡人数、下落不明的人数和初步估计的直接经济损失；

(六)已经采取的措施；

(七)其他应当报告的情况。

以上报告内容，初次报告由于情况不明没有报告的，应在查清后及时续报。

第十四条　事故报告后出现新情况的，应当及时补报或者续报。

事故伤亡人数发生变化的，有关单位应当在发生的当日内及时补报或者续报。

第十五条　事故报告应当及时、准确、完整，任何单位和个人不得迟报、漏报、谎报或者瞒报事故。

第四章　事故现场处置和保护

第十六条　煤矿安全监察机构接到事故报告后，按照规定，有关负责人应当立即赶赴事故现场，协助事故发生地有关人民政府做好应急救援工作。

第十七条　事故发生后，有关单位和人员应当妥善保护事故现场以及相关证据。任何单位和个人不得破坏事故现场、毁灭证据。

第十八条　因事故抢险救援必须改变事故现场状况的，应当绘制现场简图并做出书面记录，妥善保存现场重要痕迹、物证。抢险救灾结束后，现场抢险救援指挥部应当及时向事故调查组提交抢险救援报告及有关图纸、记录等资料。

第五章　事故调查

第十九条　特别重大事故由国务院组织事故调查组进行调查，或者根据国务院授权，由国家安全生产监督管理总局组织国务院事故调查组进行调查。

重大事故由省级煤矿安全监察机构组织事故调查组进行调查。

较大事故由煤矿安全监察分局组织事故调查组进行调查。

一般事故中造成人员死亡的，由煤矿安全监察分局组织事故调查组进行调查；没有造成人员死亡的，煤矿安全监察分局可以委托地方人民政府负责煤矿安全生产监督管理的部门或者事故发生单位组织事故调查组进行调查。

第二十条　上级煤矿安全监察机构认为必要时，可以调查由下级煤矿安全监察机构负责调查的煤矿事故。

第二十一条　因伤亡人数变化导致事故等级发生变化的事故，依照本规定应当由上级煤矿安全监察机构调查的，上级煤矿安全监察机构可以另行组织事故调查组进行调查。

第二十二条　事故调查组的组成应当遵循精简、效能的原则。

特别重大事故由国务院或者经国务院授权由国家安全生产监督管理总局、国家煤矿安全监察局、监察部等有关部门、全国总工会和事故发生地省级人民政府派员组成国务院事故调查组，并邀请最高人民检察院派员参加。

特别重大事故以下等级的事故，根据事故的具体情况，由煤矿安全监察机构、有关地方人民政府及其安全生产监督管理部门、负责煤矿安全生产监督管理的部门、行业主管部门、监察机关、公安机关以及工会派人组成事故调查组，并应当邀请人民检察院派人参加。

事故调查组可以聘请有关专家参与调查。

第二十三条　事故调查组成员应当具有事故调查所需要的知识和专长，并与事故发生单位和所调查的事故没有直接利害关系。

第二十四条　事故调查组应当坚持实事求是、依法依规、注重实效的三项基本要求和“四不放过”的原则，做到诚信公正、恪尽职守、廉洁自律，遵守事故调查组的纪律，保守事故调查的秘密，不得包庇、袒护负有事故责任的人员或者借机打击报复。

第二十五条　重大、较大和一般事故的事故调查组组长由负责煤矿事故调查的煤矿安全监察机构负责人担任。委托调查的一般事故，事故调查组组长由煤矿安全监察机构商事故发生地人民政府确定。

事故调查组组长履行下列职责：

(一)主持事故调查组开展工作；

(二)明确事故调查组各小组的职责，确定事故调查组成员的分工；

(三)协调决定事故调查工作中的重要问题；

(四)批准发布事故有关信息；

(五)审核事故涉嫌犯罪事实证据材料，批准将有关材料或者复印件移交司法机关处理。

第二十六条事故调查组坚持统一领导、协作办案、公平公正、精简高效的原则。

事故调查组履行下列主要职责：

(一)查明事故单位的基本情况；

(二)查明事故发生的经过、原因、类别、人员伤亡情况及直接经济损失；隐瞒事故的，应当查明隐瞒过程和事故真相；

(三)认定事故的性质和事故责任；

（四）提出对事故责任人员和责任单位的处理建议；

（五）总结事故教训，提出防范和整改措施；

（六）在规定时限内提交事故调查报告。

第二十七条 事故调查中需要对重大技术问题、重要物证进行技术鉴定的，事故调查组可以委托具有国家规定资质的单位或直接组织专家进行技术鉴定。进行技术鉴定的单位、专家应当出具书面技术鉴定结论，并对鉴定结论负责。技术鉴定所需时间不计入事故调查期限。

第二十八条 事故调查组应当自事故发生之日起 60 日内提交事故调查报告。

特殊情况下，经上级煤矿安全监察机构批准，提交事故调查报告的期限可以适当延长，但延长的期限最长不超过 60 日。

第二十九条 事故抢险救灾超过 60 日，无法进行事故现场勘察的，事故调查时限从具备现场勘察条件之日起计算。

瞒报事故的调查时限从查实之日起计算。

第三十条 事故调查报告应当包括下列内容：

（一）事故发生单位基本情况；

（二）事故发生经过、事故救援情况和事故类别；

（三）事故造成的人员伤亡和直接经济损失；

（四）事故发生的直接原因、间接原因和事故性质；

（五）事故责任的认定以及对事故责任人员和责任单位的处理建议；

（六）事故防范和整改措施。

事故调查组成员应当在事故调查报告上签名。

第三十一条 事故调查报告报送至负责事故调查的国家安全生产监督管理总局或者煤矿安全监察机构后，事故调查工作即告结束。

第三十二条 事故调查的有关资料应当由组织事故调查的煤

矿安全监察机构归档保存。归档保存的材料包括技术鉴定报告、重大技术问题鉴定结论和检测检验报告、尸检报告、物证和证人证言、直接经济损失文件、相关图纸、视听资料、批复文件等。

第六章　事故处理

第三十三条　特别重大事故调查报告报经国务院同意后，由国家安全生产监督管理总局批复结案。

重大事故调查报告经征求省级人民政府意见后，报国家煤矿安全监察局批复结案。

较大事故调查报告经征求设区的市级人民政府意见后，报省级煤矿安全监察机构批复结案。

一般事故由煤矿安全监察分局批复结案。

第三十四条　重大事故、较大事故、一般事故，煤矿安全监察机构应当自收到事故调查报告之日起 15 日内作出批复。特别重大事故的批复时限依照《生产安全事故报告和调查处理条例》的规定执行。

第三十五条　事故批复应当主送落实责任追究的有关地方人民政府及其有关部门或者单位。

有关地方人民政府及其有关部门或者单位应当依照法律、行政法规规定的权限和程序，对事故责任单位和责任人员按照事故批复的规定落实责任追究，并及时将落实情况书面反馈批复单位。

第三十六条　煤矿安全监察机构依法对煤矿事故责任单位和责任人员实施行政处罚。

第三十七条　事故发生单位应当落实事故防范和整改措施。防范和整改措施的落实情况应当接受工会和职工的监督。

负责煤矿安全生产监督管理的部门应当对事故责任单位落实防范和整改措施的情况进行监督检查。

煤矿安全监察机构应当对事故责任单位落实防范和整改措施的情况进行监察。

第三十八条 特别重大事故的调查处理情况由国务院或者国务院授权组织事故调查的国家安全生产监督管理总局和其他部门向社会公布,特别重大事故以下等级的事故的调查处理情况由组织事故调查的煤矿安全监察机构向社会公布,依法应当保密的除外。

四、《企业职工伤亡事故经济损失统计标准》(节选)

《企业职工伤亡事故经济损失统计标准》(GB 6721－1986)(节选)

本标准规定了企业职工伤亡事故经济损失的统计范围,计算方法和评价指标。

1 基本定义

1.1 伤亡事故经济损失

指企业职工在劳动生产过程中发生伤亡事故所引起的一切经济损失,包括直接经济损失和间接经济损失。

1.2 直接经济损失

指因事故造成人身伤亡及善后处理支出的费用和毁坏财产的价值。

1.3 间接经济损失

指因事故导致产值减少、资源破坏和受事故影响而造成其他损失的价值。

2 直接经济损失的统计范围

2.1 人身伤亡后所支出的费用

2.1.1 医疗费用(含护理费用)

2.1.2 丧葬及抚恤费用

2.1.3 补助及救济费用

2.1.4 歇工工资

2.2 善后处理费用

2.2.1 处理事故的事务性费用

2.2.2 现场抢救费用

2.2.3 清理现场费用

2.2.4 事故罚款和赔偿费用

2.3 财产损失价值

2.3.1 固定资产损失价值

2.3.2 流动资产损失价值

3 间接经济损失的统计范围

3.1 停产、减产损失价值

3.2 工作损失价值

3.3 资源损失价值

3.4 处理环境污染的费用

3.5 补充新职工的培训费用(见附录 A)

3.6 其他损失费用

4 计算方法

4.1 经济损失计算见公式(1)：

$$E=E_d+E_i \qquad (1)$$

式中：E——经济损失，万元；

E_d——直接经济损失，万元；

E_i——间接经济损失，万元。

4.2 工作损失价值计算见公式(2)：

$$V_W=D_L \cdot M/(S \cdot D) \qquad (2)$$

式中：V——工作损失价值，万元；

D_L——一起事故的总损失工作日数，死亡一名职工按6000个工作日计算，受伤职工视伤害情况按 GB 6441－1986《企业职工伤亡事故分类标准》的附表确定，日；

M——企业上年税利(税金加利润)，万元；

S——企业上年平均职工人数；

D——企业上年法定工作日数，日。

4.3 固定资产损失价值按下列情况计算：

4.3.1 报废的固定资产，以固定资产净值减去残值计算；

4.3.2 损坏的固定资产，以修复费用计算。

4.4 流动资产损失价值按下列情况计算：

4.4.1 原材料、燃料、辅助材料等均按账面值减去残值计算；

4.4.2 成品、半成品、在制品等均以企业实际成本减去残值计算。

4.5 事故已处理结案而未能结算的医疗费、歇工工资等，采用测算方法计算（见附录 A）。

4.6 对分期支付的抚恤、补助等费用，按审定支出的费用，从开始支付日期累计到停发日期，见附录 A。

4.7 停产、减产损失，按事故发生之日起到恢复正常生产水平时止，计算其损失的价值。

5 经济损失的评价指标和程度分级

5.1 经济损失评价指标

5.1.1 千人经济损失率

计算按公式(3)：

$$R_s(‰)=E/S\times1000 \tag{3}$$

式中：R_s——千人经济损失率；

E——全年内经济损失，万元；

S——企业平均职工人数，人。

5.1.2 百万元产值经济损失率

计算按公式(4)：

$$R_v(\%)=E/V\times100 \tag{4}$$

式中：R_v——百万元产值经济损失率；

E——全年内经济损失，万元；

V——企业总产值，万元。

5.2 经济损失程度分级

5.2.1 一般损失事故

经济损失小于 1 万元的事故。

5.2.2 较大损失事故

经济损失大于 1 万元(含 1 万元)但小于 10 万元的事故。

5.2.3 重大损失事故

经济损失大于 10 万元(含 10 万元)但小于 100 万元的事故。

5.2.4 特大损失事故

经济损失大于 100 万元(含 100 万元)的事故。

附录 A

几种经济损失的测算法 (补充件)

A.1 医疗费按公式(A1)测算:

$$M=M_b+M_b/P\cdot D_c \quad (A1)$$

式中:M——被伤害职工的医疗费,万元;

M_b——事故结案日前的医疗费,万元;

P——事故发生之日至结案之日的天数,日;

D_c——延续医疗天数,指事故结案后还须继续医治的时间,由企业劳资、安全、工会等按医生诊断意见确定,日。

注:上述公式是测算一名被伤害职工的医疗费,一次事故中多名被伤害职工的医疗费应累计计算。

A.2 歇工工资按公式(A2)测算:

$$L=L_q(D_a+D_k) \quad (A2)$$

式中:L——被伤害职工的歇工工资,元;

L_q——被伤害职工日工资,元;

D_a——事故结案日前的歇工日,日;

D_k——延续歇工日,指事故结案后被伤害职工还须继续歇工的时间,由企业劳资、安全、工会等与有关单位酌情商定,日。

注:上述公式是测算一名被伤害职工的歇工工资,一次事故中多名被伤害职工的歇工工资应累计计算。

A.3 补充新职工的培训费用

A.3.1 技术工人的培训费用每人按2000元计算。

A.3.2 技术人员的培训费用每人按1万元计算。

A.3.3 补充其他人员的培训费用，视补充人员情况参照A.3.1，A.3.2酌定。

A.4 补助费、抚恤费的停发日期

A.4.1 被伤害职工供养未成年直系亲属抚恤费累计统计到16周岁（普通中学在校生累计到18周岁）。

A.4.2 被伤害职工及供养成年直系亲属补助费、抚恤费累计统计到我国人口的平均寿命68周岁。

参考文献

[1] 刑法修正案(六)(2006年,中华人民共和国主席令 第五十一号)

[2] 中华人民共和国刑法(1997年,中华人民共和国主席令第八十三号)

[3] 中华人民共和国安全生产法(2002年,中华人民共和国主席令 第七十号)

[4] 温家宝.在全国安全生产工作会议上的讲话(2006年1月23日).国家安全生产监督管理总局网站(http://www.chinasafety.gov.cn)

[5] 李毅中.安全生产:提高认识把握规律理清思路推动工作.中国安全生产报,7月22日

[6] 李毅中.谈谈我国的安全生产问题(2006年6月29日).国家安全生产监督管理总局网站(http://www.chinasafety.gov.cn)

[7] 李毅中.在安全发展高层论坛开幕式上的讲话(2006年6月24日)

[8] 李毅中.认真贯彻执行《暂行规定》推进安全生产形势稳定好转.中国安全生产报,2006年11月23日

[9] 王显政.在总局党校2006年春季开学典礼上的讲话(2006年4月7日),国家安全生产监督管理总局网站(http://www.chinasafety.gov.cn)

[10] 王德学.落实主体责任 实现安全生产.中国安全生产报,2006年8月10日

[11] 赵铁锤.在重点地区煤矿安全工作座谈会上的讲话(2006年4月17日),国家安全生产监督管理总局网站(http://www.chinasafety.gov.cn)

[12] 孙华山.在煤矿等高危行业农民工安全培训督查调研汇报会上的总结讲话(2006年7月5日),国家安全生产监督管理总局网站(http://www.chinasafety.gov.cn)

[13] 黄毅.经济发展绝不能以牺牲生命为代价.现代职业安全,2006年第7期

[14] 赵正宏.安全生产"五要素"的理论与实践.北京:中国农业出版社,2006年3月

[15] 赵正宏.贯彻实施《刑法修正案(六)》需解决好的七个问题.中国安全生产报,2006年8月3日

[16] 杨华.学法时不我待.中国安全生产报,2006年7月20日

[17] 杨华.重典治乱——形势之所需.中国安全生产报,2006年8月12日

[18] 胡乩生.以法律利器严惩失职渎职.中国安全生产报,2006年8月15日

作者简介

赵正宏,1968 年生,安全工程硕士,教授级高级安全工程师,国家注册安全工程师,国家安全评价师,国家危险化学品安全技术专家。北京生产力学会理事。现任中化化工标准化研究所总工程师。

出版《安全生产五要素的理论与实践》、《举案解读安全生产法规》、《注册安全工程师应考必备与技巧》、《应急救援基础知识》等专著 18 部。公开发表《中国石油企业安全管理应对 WTO 的科学决策研究》、《工业安全管理实用事故模型研究》等学术论文 100 余篇。获省部、地市级节能成果奖、科技进步奖、现代化管理成果奖 8 项。获部级优秀论文一等奖 2 项。多次在国家级、部级论坛发表演讲,并多次就重大安全生产事件接受权威媒体的专访。

具有十多年从事石油、化工安全生产一线工作的经验和八年专业化的安全环保信息产品研发工作,积累了丰富的工作经验,并对安全理论进行了诸多探索性研究。

著述注重理论联系实际,科学严谨,通俗易懂,简明实用。

致 谢

本书在编写过程中，黎忠文、舒建华、陆启宣、汪晶、倪高飞、倪艳艳、杨红卫、张显民、赵菲菲、赵旭东等有关专家同仁给予了大力支持与帮助，并参与了部分编写和审读工作，特此表示感谢！

全注全译菜根谭